Antje Balters

Mut zum Neinsagen

Grenzen setzen ohne Schuldgefühle

SCHULTE & GERTH

© 2001 Gerth Medien GmbH, Asslar
Best.-Nr. 815 707
ISBN 3-89437-707-0
1. Auflage 2001
Umschlaggestaltung: Ursula Stephan
Umschlagfoto: Stone
Satz: Typostudio Rücker
Druck und Verarbeitung: Ebner Ulm
Printed in Germany

Inhalt

Grenzüberschreitungen – der ganz normale Alltagswahnsinn

Stellen Sie sich vor, Sie sind eine mittelprächtige Hausfrau. Sie tun (meistens) Ihr Bestes, um das Haus möglichst ordentlich zu halten, sodass möglicher Besuch nicht beim Betreten des Flures kollabiert, und auch so sauber wie nötig, sodass möglicher Besuch sich nicht gezwungen sieht, das Gesundheitsamt zu informieren. Was Ihnen allerdings noch wichtiger ist: Sie möchten es gemütlich haben, sodass Ihr Besuch gerne kommt und sich bei Ihnen wohlfühlt.

Jetzt stellen Sie sich vor, eines Tages kommt eine Bekannte unangemeldet bei Ihnen vorbei! Sie kennen sie nicht besonders gut, aber im Eingang kommen Sie irgendwie auf Ihre Wohnsituation zu sprechen. Ihre Bekannte ist interessiert und Sie fragen sie, ob sie sich das Haus gerne einmal ansehen würde. Zugegeben, Sie haben an diesem speziellen Tag eigentlich weder aufgeräumt noch sauber gemacht, und noch in demselben Augenblick, in dem Sie das Angebot machen, zucken Sie innerlich etwas zusammen und staunen über Ihren eigenen Mut.

Die Führung geht los:

„Das hier ist unser Wohnzimmer", sagen Sie und dabei bleibt ihr Blick an der Bügelwäsche hängen – heute ein Riesenberg, denn wie gesagt, Hausarbeit war an diesem Tag nicht Ihre Priorität – und Sie registrieren diesen prüfenden Blick sofort.

Deshalb meinen Sie auch sofort entschuldigend: „Ja –
mir gefällt es auch nicht, dass die Wäscheverarbeitung hier
stattfinden muss, aber ich weiß nicht wo sonst. Wir haben
keinen Hauswirtschaftsraum und außerdem sehe ich beim
Bügeln gerne fern."

Darauf meint Ihre Bekannte: „Was, du bügelst im Wohnzimmer, und dann auch noch mehrmals in der Woche?
Warum machst du das denn nicht im Keller und an einem
bestimmten Tag in der Woche?"

Sie kommen nun in Ihre super-gemütliche – so meinen
Sie jedenfalls – Wohnküche.

Sie erklären: „Hier halten wir uns eigentlich meistens
auf, denn hier pulsiert das Leben. Es kommt oft vor, dass
wir hier noch lange mit unseren Gästen sitzen, selbst wenn
das Essen längst vorbei ist, weil dann die Kinder im Wohnzimmer fernsehen – damit man überhaupt mal ein paar
Sätze ohne Unterbrechung wechseln kann."

Ihre Bekannte hat jedoch gleich ein paar Änderungs-
vorschläge: „Ja, aber man könnte doch viel mehr Platz
schaffen, wenn man hier eine Eckbank hinbauen würde, hier
an die Stelle einen Tresen und dann könnte man auch da
noch eine Lampe hinstellen, damit es gemütlich wird." Bei
diesen Worten betrachtet sie kritisch die schönen bunten
Vorhänge. Ein Gardinenring fehlt und die Gardine hängt
dadurch nicht hundertprozentig gerade. Sie sieht den Makel
und Sie sehen ihn schon länger, haben sich aber bisher noch
nicht dazu aufgerafft, im örtlichen Gardinengeschäft den
peinlichen Einkauf eines einzelnen Gardinenringes zu
tätigen – und Sie wissen beide, dass Sie beide den Makel
gesehen haben.

Nur schnell raus hier, bevor es zu weiteren Enthüllungen
kommen kann.

„Das hier ist das Arbeitszimmer, hier arbeiten sowohl
mein Mann als auch ich. Und weil wir keinen Hauswirtschaftsraum haben, laufen hier auch noch 99 andere Themen, von Flickarbeit über Kindergeburtstagsgeschenke ein-

packen, bis zu Gesellschaftsspielen und Kuschelsessions auf dem Sofa."

Ihr Besuch meint darauf nur kritisch: „Aber warum stehen denn die Schreibtische nicht einander gegenüber, das nimmt doch so viel zu viel Platz weg ..."

Und so geht es einen Raum um den anderen.

Ich weiß nicht, wie es Ihnen bei einer solchen Begegnung gehen würde. Mir ist sie tatsächlich passiert und mir ging es schlecht.

Ich bin eine unfähige Hausfrau, dachte ich, nachdem die Frau wieder weg war, *der es nicht nur nicht gelingt, ihren Haushalt sauber und ordentlich zu halten, sondern die darüber hinaus auch noch nicht organisieren kann, nicht praktisch denkt, von Gestaltung keine Ahnung hat und keine gemütliche Atmosphäre zustande bringt. Kein Wunder, dass die Kinder so oft woanders spielen.*

Drei Tage lang fühlte ich mich wie eine unfähige Versagerin in Sachen Haushalt, bis ich mich langsam wieder erholte.

Was ist hier passiert?

Jemand ist in mein Haus gekommen und hat sich darin unbefugt breit gemacht, indem er (in diesem Fall sie), mir meinen Lebensraum madig machte. Das tat sie wahrscheinlich nicht einmal bewusst, sondern vielmehr in der Überzeugung, mir mit nützlichem Rat etwas Gutes zu tun. Außerdem ist mein Haus in gewisser Hinsicht ein Teil meiner Person und es gibt dadurch etwas davon preis, wie ich selber bin. Damit lässt es sicherlich in gewisser Hinsicht Rückschlüsse auf meine Seele zu, und so steht das Haus auch ein wenig für mich als Persönlichkeit.

Meine Bekannte merkte das bei ihrem Besuch ganz offensichtlich nicht und überschritt hier definitiv eine Grenze.

Aber es gibt eine gute Nachricht: Mein Haus hat eine Tür! Wer reinkommen will, muss klingeln, es sei denn er gehört zur Familie – deshalb ist das Abgrenzen innerhalb der Familie besonders schwierig, denn sie kommt in aller Regel unangemeldet und oft überraschend auch durch die Hintertür. Ich habe also die Wahl, ob ich die Tür öffnen will oder nicht, und es liegt auch bei mir, in welche Räume des Hauses ich meinen Besuch hineinlasse.

Die von mir geschilderte Situation zeigt eine Person, die Grenzen überschritten hat, indem sie ungefragt über einen sehr persönlichen Bereich Urteile abgab und dabei offensichtlich nur aus der Sicht ihrer eigenen, sehr persönlichen Situation argumentierte. Zudem machte sie scheinbar nicht einmal den Versuch, sich in die Hausbewohner hineinzudenken, geschweige denn zu fühlen. Sie sagte, ohne dazu von mir aufgefordert worden zu sein, was sie dachte – aus welchem Motiv auch immer –, und überschritt damit bei mir eine Grenze, die ich ganz klar spürte. Ich war verletzt und voller Selbstzweifel.

Doch in dieser Situation gab es nicht nur die Frau, die ungebetene Kommentare abgab, es gab auch mich, also diejenige, die die andere hereingelassen hatte. Ich habe sogar ihr gegenüber geradezu eine Einladung ausgesprochen, sich so zu verhalten, und zwar indem ich erstens eine eher flüchtige Bekannte im Haus herumführte, selbst die „Wohnmängel" nannte und darüber hinaus in Bezug auf meine Fähigkeiten als Hausfrau und Gestalterin unseres Heims eher unsicher war.

Es waren also an diesem Vorfall zwei Frauen beteiligt, die bezüglich des Themas „gesunde Grenzen" ein Problem haben. Die eine erkannte eine vorhandene Grenze nicht, die andere wiederum setzte die Grenze nicht deutlich genug. Ja, in gewisser Weise ermutigte sie die andere sogar zu Übergriffen.

Bei näherem Hinschauen erinnerte mich diese Szene auch an Situationen aus meiner Kindheit. Mein großer Bruder jagte mich damals häufig durchs ganze Haus, weil ich ihn geärgert hatte, ihm etwas weggenommen oder was auch immer. Mit einem Satz erreichte ich meist mein Zimmer, knallte die Tür zu und schaffte es gerade noch, den Schlüssel im Schloss umzudrehen, bevor er die Klinke herunterdrücken konnte. Ich stand dann völlig außer Atem mit dem Rücken an die Tür gelehnt und er polterte von außen dagegen, wilde Drohungen ausstoßend. Er drohte mir mit Prügel und obwohl ich wusste, dass er seine Drohung wahr machen würde, öffnete ich ihm dennoch die Tür. Natürlich machte er sofort seine Drohung wahr und ich blieb mit dem Gefühl zurück, dass ich auch noch selbst daran schuld war.

Und genau darum soll es im Folgenden gehen.

Ich erlebe immer häufiger Situationen, vielleicht sehe ich sie auch nur deutlicher, weil ich mich mit Themen befasse, in denen Grenzen überschritten werden. Dies passiert, weil sie nicht wahrgenommen, nicht gesetzt oder, aus welchen Gründen auch immer, nicht verteidigt werden.

Immer wieder fallen mir in meinem Alltag solche Situationen auf und meine Gefühle taumeln dabei zwischen Zorn, Mitleid und Resignation hin und her. Diese Situationen können in den unterschiedlichsten Lebensbereichen auftauchen. Einige erlebe ich selbst, andere wiederum werden mir erzählt. Doch ganz besonders schlimm und schmerzlich empfinde ich die Art von Grenzverletzungen, in denen es die betroffenen Personen noch nicht einmal merken, wie andere dampfwalzenartig über sie hinwegrollen.

Hierzu im Folgenden ein paar Beispiele:

Vor der Geburt unserer Zwillinge lag ich einige Zeit im Krankenhaus und zwar zusammen in einem Zimmer mit ein paar anderen Frauen, deren Kinder zu lange auf sich warten ließen oder deren Schwangerschaften sonst irgendwie risikobehaftet waren. Unter anderem war eine junge Frau dabei, die unter starkem Bluthochdruck litt, den sich niemand so richtig erklären konnte. Nach einiger Zeit kam ich mit dieser Frau ins Gespräch und erfuhr Folgendes:

Sie lebte zusammen mit ihrem Mann im Haus ihrer Mutter und Großmutter. Das junge Paar hatte keine abgeschlossene Wohnung für sich und so konnte es schon mal vorkommen, dass die junge Frau abends von der Arbeit nach Hause kam und ihr Wohnzimmer nicht mehr wieder erkannte, weil Mama und Oma umgeräumt hatten! Komisch, dass sich niemand ihren Bluthochdruck erklären konnte.

Eine Freundin, die etliche Kilo abgenommen hatte, berichtete, dass sie Besuch von den Schwiegereltern bekam, die sie länger nicht gesehen hatte. Die Schwiegermutter staunte nicht schlecht und sagte: „Du hast aber abgenommen", und hob dann den Pulli meiner Freundin am Po ein bisschen hoch und fragte: „Da auch?"

Meine Freundin kommentierte diese Situation so, dass sie den Impuls zu schlagen heftig hatte unterdrücken müssen.

Im Kindergarten war wieder einmal Sommerfest. In den Wochen davor waren die Eltern gebeten worden, in Form von Mithilfe, Kuchen, Basteleien oder Salaten etwas zu dieser Feier beizutragen. Eigentlich hatte ich weder Zeit noch Lust zu helfen. Warum waren es eigentlich immer dieselben Namen, die auf den Listen standen und einige Eltern fühlten sich nie angesprochen? Ich trug mich also zum x-ten Mal ein, weil ich wusste, dass es von mir erwartet wurde.

Das sind nur ein paar meiner Meinung nach drastische Fälle von Grenzüberschreitungen, die aber wahrscheinlich weder von den *Tätern* noch den *Opfern* als solche wahrgenommen wurden. Und dabei sind für mein Empfinden die erwähnten Beispiele relativ eindeutig als Grenzüberschreitungen zu erkennen, wobei sie auf den persönlichen beziehungsweise zwischenmenschlichen Bereich beschränkt sind. Doch es gibt noch sehr viel unterschwelligere, kaum spürbare Grenzüberschreitungen und auch solche, die wesentlich komplexer und *offizieller* sind.

Ich erlebe häufig, wie Frauen, zumindest in diesem persönlichen Bereich, zunehmend darüber klagen, dass ihre Grenzen überschritten werden, sei es von dominierenden Eltern, gewalttätigen Ehepartnern, aufmüpfigen Teenagern oder anspruchsvollen und autoritären Vorgesetzten. Ich nehme aber ebenfalls in zunehmendem Maße wahr, wie wenig bei Frauen die Fähigkeit ausgeprägt ist, Grenzen zu setzen und zu diesen Grenzen auch letztendlich zu stehen.

Das fängt bereits da an, wo Mütter ihren kleinen Kindern Grenzen setzen müssen, und zwar um der Kinder, aber auch um der eigenen Nerven Willen.

Ein Beispiel:

Ich gehe gerade durch einen Aldi-Markt – glücklicherweise ohne Kinder, deshalb auch relativ stressfrei. Mir fällt eine junge Frau auf, vielmehr fällt mir zunächst ihr Kind auf, das vorne in ihrem Einkaufswagen sitzt und schreiend und heulend nach Süßigkeiten verlangt. Die Mutter macht einen erschöpften und auch entnervten Eindruck und ich spüre, dass das Kind unmittelbar vor einem Sieg steht, weil die Mutter wegen seines anhaltenden Geheuls jeden Moment nachgeben wird. Als ich an ihr vorbeigehe, flüstere ich ihr deshalb zu: „Durchhalten!" Das traue ich mich nur, weil ich dieses Gefühl kurz vorm Bersten der Dämme allzu gut aus eigener Erfahrung kenne.

Das Kind hört daraufhin auf zu schreien, mustert mich misstrauisch und auch verärgert – schließlich habe ich seine Pläne durchkreuzt und seine gesamte „Überzeugungsarbeit" zunichte gemacht. Im Weitergehen höre ich dann, wie es seine Mutter mit krähender Stimme verhört: „Kennst du die Frau??? Wer war denn das???"

Und die Antwort der Frau bekomme ich ebenfalls mit: „Das ist eine Mama, die auch Kinder hat!"

Zu meiner Freude hielt sie wirklich durch, aber das ist meiner Erfahrung nach eher die Ausnahme.

Und genau diese zunehmende Unfähigkeit zum Neinsagen, zum Abgrenzen, wodurch auch immer verursacht, machen sich nicht nur unsere Familie und andere Mitmenschen zu Nutze, sondern zunehmend auch Menschen und Institutionen, die etwas von uns wollen – in der Regel unser Geld. Ich meine damit in erster Linie die Medien, speziell auch die Werbung. Sie brechen absolut hemmungs- und immer häufiger auch völlig schamlos über uns herein und reißen unsere ohnehin oft instabilen Grenzen vollkommen nieder.

Während ich mich mit dem Thema „Mut zum Neinsagen" eingehender befasst habe, sind mir sechs Bereiche aufgefallen, in denen es besonders schwierig ist, sich abzugrenzen. Gleichzeitig ist es in diesen Bereichen aber auch besonders wichtig. Es handelt sich dabei um:

1. Die Familie

Dazu zählt die Beziehung des Einzelnen zu seiner Ursprungsfamilie, das heißt zu den eigenen Eltern, eventuell auch Großeltern und zu den Geschwistern.

In diesem Bereich finden oft Grenzüberschreitungen statt, die jeder Beschreibung spotten, oft aber gar nicht als solche wahrgenommen werden, weil sie von frühster Kindheit an stattgefunden haben und daher als „normal" gelten. Ich höre dann oftmals zur Entschuldigung: „Das ist bei uns eben so."

Es soll uns später noch interessieren, warum Grenzüberschreitungen gerade hier so drastisch sind und warum es besonders in diesem Bereich so schwierig ist, etwas zu ändern.

Hinzu kommt dann irgendwann die unmittelbare Familie, der eigene Mann und die Kinder. Und schließlich gibt es da noch die angeheiratete Familie, zu der die Schwiegereltern, der Schwager, Schwägerinnen, also fast die gesamte weitere Verwandtschaft gehört, die einem oft das Leben sehr schwer machen.

Der Bereich der Familie ist wahrscheinlich der vielschichtigste. Und durch die Komplexität der verschiedenen Beziehungsgeflechte innerhalb einer Familie kommt der Versuch, Grenzüberschreitungen zu erkennen und auf sie zu reagieren einem Dschungelspaziergang gleich. Für einen solchen Spaziergang muss man hin und wieder die Machete zur Hand nehmen, um voranzukommen. Damit meine ich, dass man manchmal sehr direkt und ohne Rücksicht auf die Gefühle anderer seinen eigenen Standpunkt und die eigenen Grenzen klarstellen muss.

2. Der Beruf

Ein weiterer großer Bereich, in dem viele Menschen Probleme mit dem Abgrenzen haben, ist der Beruf.

Mobbing beispielsweise – ein Begriff, der mittlerweile ins öffentliche Bewusstsein getreten ist – funktioniert nur zwischen Menschen, die Probleme mit dem Einhalten und Aufstellen von Grenzen haben.

Im Berufsleben geht es beim Abgrenzen um die Beziehungen zwischen Chef und Mitarbeitern, zwischen Kollegen und zwischen einem selbst und den Kunden oder Patienten.

3. Informationen/Medien

Das Zeitalter, in dem wir leben, wird auch „Informationszeitalter" genannt. Wer heutzutage am besten informiert ist, macht das Rennen. Aber was macht diese unglaubliche Menge an Informationen, mit der wir tagtäglich bombardiert werden, mit uns? Können, dürfen, müssen wir uns dagegen wehren beziehungsweise gegen sie abgrenzen?

4. Werbung

Zwischen diesem Punkt und dem vorhergehenden besteht eine enge Verbindung. Wie kann ich mich in diesem Bereich abgrenzen, auch von den aus ihm stammenden Idealbildern und Idealvorstellungen, nach denen ich mich angeblich richten soll, die aber letztlich nichts mit meiner Alltagsrealität zu tun haben? Ist es möglich, sich hier abzugrenzen? Wie kann man dafür sorgen, dass man nicht schutzlos der Manipulation durch die Werbung ausgesetzt ist?

5. Klatsch und Tratsch

Das Leben vieler Menschen wird durch Klatsch und Tratsch ruiniert, ja sogar ein gesamter Medienzweig beruht darauf. Gibt es eine Möglichkeit, dagegen unempfindlicher zu werden oder dem sogar ein für alle Mal einen Riegel vorzuschieben?

6. Zeitgeist

Darunter zähle ich, was *man* tut und was nicht, was *in* ist und was *out*, denn daran entscheidet sich nicht selten die Frage, ob man dazugehört oder ein Außenseiter ist.

Diese Bereiche sollen im Einzelnen etwas genauer betrachtet und daraufhin untersucht werden, ob es sinnvoll und ratsam oder gar überhaupt möglich ist, ihnen gegenüber Grenzen zu ziehen und einen Standpunkt einzunehmen, der von außen nicht so leicht zu erschüttern ist.

Es soll der Frage nachgegangen werden, wie Abgrenzung eigentlich funktioniert. Wieso können manche Leute sich gut abgrenzen und anderen gelingt es fast nie?

Es soll geklärt werden, was Abgrenzungsprozesse fördert bzw. behindert, und schließlich soll auch der Frage nachgegangen werden, wozu es überhaupt nötig ist, Grenzen zu setzen. Denn Grenzen sind letztlich etwas Trennendes und Grenzen konsequent zu setzen, kann ja auch als *Ellbogenverhalten* oder als *Verweigerung* missgedeutet werden. Grenzen zu setzen, zieht unweigerlich Konflikte nach sich. Man muss sich auseinander setzen, muss Altes, Gewohntes hinterfragen und auch wissen, was man nicht will.

Und einige der entscheidenden Fragen, denen es nachzugehen gilt, sind: Wenn es so einfach ist, Nein zu sagen, was hindert mich eigentlich dann daran? Was hindert mich, Grenzen zu setzen, und zwar so, dass sie von anderen wahrgenommen und respektiert werden? Gibt es Voraussetzungen, die das Abgrenzen erleichtern oder erschweren? Und was kann ich als Einzelperson dazu beitragen, dass ich selbst und auch andere meine Grenzen erkennen und respektieren?

In einem letzten Abschnitt soll es dann abschließend um das Thema gehen, ob und wie Christen sich abgrenzen können? Dürfen Christen das überhaupt? Ist es nicht lieblos und egoistisch, Nein zu sagen? Sind wir als Christen nicht alle dazu aufgefordert zu dienen? Und verträgt sich das Dienen denn mit dem Neinsagen?

Wenn es der Sinn und das Ziel unseres Lebens ist, Christus immer ähnlicher zu werden und ihm als Vorbild nachzufolgen, was ist dann mit den Situationen, in denen Jesus sich klar abgegrenzt hat? Jede Menge Fragen also auf der einen Seite, aber vielleicht auf der anderen Seite Neugier oder zwingende Notwendigkeit – auf Grund einer persönlichen Situation – Antworten zu bekommen.

Als eine Frau, die auf dem Weg ist und nicht auf jede Frage eine Antwort hat, verstehe ich mich als jemand, der zu verstehen und zu genießen beginnt, wie viel Freiheit und neue Lebensqualität und wie viel qualitativ bessere Beziehungen positives beziehungsweise konstruktives Abgrenzen mit sich bringt. Und mir wird immer stärker, auch durch mein eigenes Erleben, die Sehnsucht vieler Frauen nach einer Ausgewogenheit zwischen Nähe und

Distanz, zwischen Unabhängigkeit und Zugehörigkeit bewusst.

Ich will mich nicht verweigern, will nicht Menschen ausgrenzen, will nicht legitime Bedürfnisse ausfiltern. Ich möchte vielmehr im Ertasten und Erkunden meiner eigenen Grenzen erfahren, wer ich bin, und erkennen, wie ich eigentlich von Gott gemeint bin.

Im Ausloten der Grenzen möchte ich immer mehr erfahren, wie Gott mich ansieht – nämlich liebevoll. Diese Erfahrung möchte ich jedoch nicht für mich behalten, sondern mir diesen liebevollen Blick zu Eigen machen, damit ich anderen gegenüber nicht fordernd, sondern liebevoll und dadurch fördernd und ermutigend, bejahend und aufbauend begegnen kann.

Sich abgrenzen – bringt das denn was außer Ärger und Stress?

Welche Vorteile bietet es eigentlich, die eigenen Grenzen zu entdecken, sich mit ihnen auseinander zu setzen, sie einzuordnen und dann konkret auch anderen gegenüber zu ziehen, zu vertreten und nötigenfalls auch zu verteidigen? Aller Erfahrung nach fordert dieses neue Verhalten Widerstand heraus, zwingt zur Selbstreflexion, erfordert die Mühe, neue Denk- und Verhaltensmuster zu entwickeln und macht zunächst einmal unmittelbar spürbar nichts als Ärger und Konflikte.

Grenzen haben auf der einen Seite mit Einschränkung zu tun, aber auf der anderen Seite auch mit Raum, einem tiefen menschlichen Grundbedürfnis. Jeder Mensch braucht Raum, sei es in Form von Zeit, Aufmerksamkeit oder auch einfach in Form von Platz zum Bewegen. Gleichzeitig ist da aber auch das tiefe Bedürfnis nach Beziehung, nach Bindung und Gemeinschaft. Damit er beides bekommt, muss jeder Mensch, dem an der Erfüllung dieser Grundbedürfnisse etwas liegt, sich mit seinen Grenzen befassen. Tut er das nicht, wird er die Grenzen anderer überschreiten, was zutiefst beziehungsfeindlich ist, weil der andere, vorausgesetzt er bemerkt die Grenzüberschreitung überhaupt, sich schützen und zurückziehen muss. Wenn er so handelt, bleibt er unweigerlich allein.

Oder aber eine Person kann keine Grenzen ziehen und lässt dadurch alles mit sich geschehen, was von außen kommt. Sie ist quasi unfähig, Einflüsse und Reize, die auf sie einströmen, zu sortieren und zu filtern. Auffällig ist hier, dass Menschen, die Probleme mit ihren eigenen Grenzen haben, meist auch die Grenzen anderer nicht erkennen oder damit umgehen können.

Zu alldem kommt noch hinzu, dass sich Abgrenzungsprobleme ganz unterschiedlich darstellen, wodurch der Umgang mit ihnen noch weiter erschwert wird. Es gibt zum Beispiel Leute, die sind verschlossen wie Austern. Sie reden nur, wenn es gar nicht mehr anders geht und auch dann nur ausgesprochen sparsam. Dann gibt es wiederum andere, die mit einer solchen Offenheit persönliche Dinge oder Intimitäten preisgeben, dass man sich schon beim Zuhören am liebsten verkriechen möchte, weil es einem so peinlich ist. Die täglichen Talkshows beispielsweise rekrutieren ihre Gäste aus der zweiten Personengruppe.

Beide Gruppen haben Probleme mit ihren Grenzen. Nichts von sich preiszugeben beziehungsweise völlige Verschlossenheit lassen Beziehungen gar nicht erst entstehen, aber auch das völlige Fehlen von Grenzen macht letztlich eine innige Vertrautheit unmöglich.

Es ist unbequem und oft vielleicht sogar Furcht erregend, sich mit den eigenen Grenzen auseinander zu setzen, weil dabei so manches zum Vorschein kommen kann, was man bisher gut im Keller seines Lebens versteckt gehalten hat. Das können Eigenschaften sein, Charaktermerkmale, aber auch Taten und Aussagen, von denen man nicht möchte, dass andere davon erfahren. Wenn wir uns jedoch an dieser

Stelle von unserer Angst besiegen lassen, engen wir uns selbst immer mehr ein, nehmen uns die Luft zum Atmen und sind irgendwann auch nicht mehr in der Lage, Beziehungen einzugehen, weil diese immer ein gewisses Maß an Mut und Offenheit voraussetzen.

Ich möchte an einem Beispiel veranschaulichen, was geschieht, wenn man Angst vor Offenheit hat.

Ich zeige meinen Kindern meinen Respekt vor ihrer Privatsphäre unter anderem dadurch, dass ich nicht ohne ihr Einverständnis an ihre Schultaschen, Schreibtische und Schränke gehe. Es kommt aber immer irgendwann der Zeitpunkt, an dem mich die Angst vor einer Seuche packt. Als nun wieder einmal ein solcher Punkt gekommen war, begab ich mich gemeinsam mit unserem Sohn daran, seinen Schreibtisch aufzuräumen und einer Grundreinigung zu unterziehen.

Alles ging gut voran, bis ich ihn aufforderte, bitte einmal seine große Schreibplatte hochzuklappen, unter der es praktischerweise viel Stauraum gab.

Als Erwiderung auf meine besagte Aufforderung bekam ich von ihm mit großer Entschiedenheit zu hören: „Das geht nicht!"

Ich nahm an, dass mit dem Scharnier etwas nicht stimmte und wollte gerade versuchen, selbst den Deckel hochzuklappen, als er noch einmal, jetzt ein wenig lauter und beinahe panisch sagte: „Das geht nicht!", und sich zur Unterstreichung seines Statements auf besagten Deckel setzte.

„Wieso geht das nicht?", fragte ich ein bisschen irritiert und zugegebenermaßen mit einer dumpfen Vorahnung, dass sich in diesem Fach etwas befinden könnte, was ich nicht sehen sollte.

Mein Sohn gab jedoch bereitwillig die, wenn auch rätselhafte Auskunft: „Weil es stinkt!"

„Aha ... und wieso stinkt es?"

„Weiß nicht ..."

„Ich möchte das jetzt aufmachen und sehen, was los ist",
sagte ich und nachdem er schließlich mit einem unverständ-
lichen, beklommenem Gemurmel sein Einverständnis signa-
lisiert hatte, klappte ich entschlossen den Deckel hoch.

Er hatte Recht. Es stank – gelinde gesagt.

Und der Gestank kam aus einer Plastiktüte. Allen Mut
zusammennehmend ergriff ich die Tüte und warf mit ange-
haltenem Atem einen Blick hinein.

Es waren Souvenirs von der letzten Klassenfahrt an die
Nordsee, die etwa zwei Monate zurücklag. Muscheln und
Seesterne – ungetrocknet!!!

Weil ich eine Mutter bin, die mittlerweile durch kaum
noch etwas zu schockieren ist – zumindest nicht durch
Dinge, die die Kinder vor der Pubertät anstellen können –,
war ich in der Lage, seine Souvenirs zu entsorgen und den
Vorfall in meinen Memoiren unter der Rubrik „Skurriles"
abzulegen.

Als ich mich mit dem Thema Raum und Grenzen näher
beschäftigte, kam mir diese Geschichte erneut in den Sinn.
Mein Sohn hatte auf einen großen Teil seines Schreibtisches
verzichtet – und natürlich ständig gejammert, dass er nicht
genügend Platz hätte –, um dem unangenehmen Geruch und
dem damit verbundenen Handlungsbedarf aus dem Weg
zu gehen. Er hatte gewusst und gemerkt, dass da etwas
Unangenehmes war, aber lieber hatte er auf einen großen
Teil des ihm zustehenden Raumes verzichtet, als sich der
unangenehmen Aufgabe zu stellen, nachzusehen, woher der
Gestank kam.

Ich glaube, dass wir alle uns oft ebenso verhalten. Lieber
verzichten wir auf innere Freiräume, auf Bereiche in uns, in
denen wir Raum und Freiheit besitzen, als uns damit zu befassen, mit welchen unangenehmen Dingen diese Räume –
die definitiv vorhanden sind – besetzt sind.

Die Auseinandersetzung mit unseren eigenen Grenzen
hat nicht selten damit zu tun, einmal herauszufinden, wo

man selbst durch ungeklärte Angelegenheiten in seinem Leben Räume brachliegen lässt. Dies gilt sowohl für einen selbst als auch für andere Menschen in der eigenen Umgebung.

Die Auseinandersetzung mit den eigenen Grenzen setzt den Wunsch voraus, erfahren zu wollen, wer man ist. Das ist im Grunde ein Urwunsch, auch wenn manchmal erst ein enormer Leidensdruck nötig ist, um sich an die Beantwortung dieser Frage zu begeben. Jeder Mensch möchte im Grunde wissen, wer er ist, und jeder Mensch hat so einige Leichen im Keller oder, um im Bild zu bleiben, Seesterne im Schreibtisch.

Bleibt noch die Frage: Wie kommt es, dass manche Menschen kaum Probleme mit ihren Grenzen und damit auch mit dem Abgrenzen haben und es anderen dagegen nie zu zeigen gelingt, wo ihr Gegenüber besser keinen Schritt mehr weitergeht? Wieso gelingt es den einen zu zeigen, wozu sie bereit sind und wozu nicht, was sie wollen und was nicht, anderen hingegen nie? Wieso gibt es so viele Menschen, die ständig Ja sagen, obwohl sie Nein meinen?

Petra und Claudia – oder: Wann und wie lernen wir das Setzen von Grenzen?

Petra und Claudia sind erfundene Personen. Es gibt sie so, wie sie hier beschrieben sind, nicht, aber es gibt sie wiederum überall. Ich möchte sie kurz vorstellen.

Petra habe ich durch unsere Kinder kennen gelernt. Eines ihrer Kinder geht mit einem meiner Kinder zusammen zur Schule. Eigentlich ist sie mir zunächst gar nicht aufgefallen. Sie ist nämlich ziemlich ruhig. Nicht unbedingt schüchtern, doch sie redet nur, wenn es wirklich etwas zu sagen gibt. Rein von ihrem Äußeren ist sie ebenfalls nicht besonders auffällig. Sie ist weder gestylt noch eine graue Maus; sie sieht eben aus wie Petra. In Diskussionen ist Petra sachlich und präzise. Sie benutzt keine Übertreibungen und keine Polemik. Sie kann Zusammenhänge einfach darstellen und manchmal blitzt dabei auch ihr Humor durch. Außerdem kann sie herzlich über sich selbst lachen, ohne sich dabei klein oder gar lächerlich zu machen.

Petra ist engagiert, aber sie wägt anscheinend genau ab, wo und an welchen Stellen sie sich einsetzen und Zeit und Kraft investieren will. Sie wendet sich klar und bestimmt gegen Missstände und nimmt kein Blatt vor den Mund, wenn es darum geht, sie aufzudecken und zu beheben, aber sie wird Einzelnen gegenüber kaum je persönlich oder verletzend.

Wenn man Petra um Mithilfe bei irgendwelchen Elternaktivitäten bittet, weiß man im Voraus eigentlich nicht, wie sie antworten wird. Oft bittet sie sich zunächst Bedenkzeit aus. Manchmal antwortet sie gleich: „Das kann ich nicht, das soll lieber jemand anderer machen", aber genauso oft sagt sie auch zu und erledigt dann ihre Aufgabe kompetent und mit Maß. Petra weiß, was sie kann und kann auch mit Lob umgehen. Sie drängelt sich nicht um Aufgaben, weicht ihnen aber auch nicht aus. Wenn Petra Fehler macht und das kann schon mal vorkommen, dann fällt es ihr nicht besonders schwer, das zuzugeben. Und man hat auch nicht das Gefühl, sie an ihrem Lebensnerv zu treffen, wenn man sie hin und wieder kritisiert. Berechtigte Kritik hört sie sich an und äußert sich dazu, gegen unberechtigte Kritik hingegen setzt sie sich bestimmt zur Wehr.

Im Gespräch gbit Petra zwar manches von sich preis, aber sie erzählt nicht alles. Als Zuhörer spürt man, dass sie sich ihre Intimsphäre bewahrt und damit sehr behutsam umgeht. Dasselbe gilt übrigens auch für ihren Umgang mit der Intimsphäre anderer. Deshalb ist man mit Klatsch und Tratsch bei ihr an der falschen Adresse, ja, es interessiert sie einfach nicht.

Ich mag es, wie Petra mit ihren beiden Kindern umgeht. Sie haben Raum und dürfen viel, aber sie kennen auch ihre

Grenzen. Petra möchte nicht mehr Kinder als diese zwei haben, denn sie weiß, dass sie auch ab und zu ihre Ruhe braucht. Außerdem befürchtet sie, mit mehr Kindern niemals einen richtigen Feierabend zu haben, geschweige denn Zeit für sich selbst und ihre Hobbys und Interessen.

Kurz: Wenn ich mit Petra zu tun habe, weiß ich, woran ich bin. Ihr Ja ist ein Ja und ich kann sie diesbezüglich beim Wort nehmen. Aber ihr Nein ist auch wirklich ein Nein. Ich versuche deshalb erst gar nicht, sie zu überreden, weil ich damit nur meine Energie verschwende. Ich fühle mich wohl in Petras Gesellschaft, ernst genommen und auch relativ sicher, denn im Umgang mit ihr brauche ich nicht zwischen den Zeilen zu lesen und auf jede Feinheit in Gestik und Mimik zu achten, um nur ja keine möglichen Zwischentöne zu verpassen.

Und dann ist da Claudia. Auch Claudia ist eine fiktive Person, aber es gibt sie überall. Ich habe den Eindruck, dass es zur Zeit und in meinem Umfeld ohnehin sehr viel mehr Claudias als Petras gibt, woran auch immer das liegen mag. Jeder kennt eine Claudia und die meisten von uns tragen sie sogar in gewisser Hinsicht in sich.

Claudia ist sehr beliebt. Sie ist eigentlich immer freundlich, hat für jeden ein nettes Wort, und dass Claudia mal nicht freundlich grüßen könnte, ist undenkbar.

Claudia ist die Stütze der Fördervereine der örtlichen Schule und des Kindergartens. Sie organisiert die Infostände bei Großveranstaltungen, sammelt Sach- und Geldspenden für die Sommerfest-Tombola des Kindergartens und backt Kuchen für die alljährliche Sportwoche des Sportvereins, in dem eines ihrer vier Kinder Fußball spielt.

Claudia bastelt für den Gemeindefest-Basar und springt sonntags hin und wieder gern für die Betreuung der Krabbel-Kinder des Kindergottesdienstes ein, denn schließlich bringt sie ja auch selbst Kinder mit in die Gemeinde, die wieder von anderen betreut werden.

Das alles bewältigt sie noch neben Haushalt und Familie.

Ihr Mann hat nichts gegen ihre Aktivitäten. Er sagt: „So lange ich dadurch nicht weiter belastet werde, ist es mir recht. Es scheint ihr ja Spaß zu machen." Claudia freut sich über diese Einstellung und wenn es dann, speziell in der Vorweihnachtszeit und vor den Sommerferien, ehrenamtlich extrem heiß hergeht, kocht sie ihm öfter mal sein Lieblingsgericht und ist auch sonst besonders nett zu ihm.

Claudia ist immer gern bereit, die Baby-Phones der Nachbarhäuser abzuhören, sie sagt, sie sei ja wegen der Kinder sowieso zu Hause, und wenn man ein Stückchen lilagelb gestreiftes Schleifenband braucht – Claudia hat es.

In letzter Zeit ist Claudia oft müde. Aber was soll's ... es ist halt viel zu tun und eigentlich bleibt es ja immer an denselben Leuten hängen. *Es könnte ja auch mal jemand anders ...*, denkt sie hin und wieder und ihr fallen sofort ein paar Namen ein. Doch je länger sie über diese Personen nachdenkt, die einfach Nein sagen – Petra ist auch dabei – und sich *'n lauen Lenz machen*, wie sie es nennt, desto ärgerlicher wird sie. *Ich rackere mich ständig ab und keiner bemerkt es anscheinend*, schießt ihr dann in solchen Momenten durch den Kopf. So ist es auch kein Wunder, dass ihre Kinder manchmal diese Laune zu spüren bekommen.

Wenn sie versucht, mit ihrem Mann darüber zu reden, sagt der meistens: „Du hast es doch selbst so gewollt! Was würdest du denn ohne all diese Jobs machen?"

Ja, was eigentlich?, denkt Claudia und dieser Gedanke beängstigt und deprimiert sie dann ein wenig. Glücklicherweise klingelt gerade das Telefon und sie wird gefragt, ob sie nicht die Frauenarbeit in der Gemeinde mitgestalten möchte, sie habe doch so viel Erfahrung ...

Zunächst einmal gilt, die pure Petra und die pure Claudia gibt es kaum. Es gibt aber Mischformen, bei denen mal Petra und mal Claudia überwiegt. Warum ist das so? Sind sie jeweils selbst schuld, dass sie so sind, wie sie sind oder gibt es dafür erkennbare und ganz konkrete Gründe?

Wieso gibt es Frauen, von denen es heißt: „Ja, ihr Mann behandelt sie schlecht und manchmal schlägt er sie sogar, aber sie kommt einfach nicht von ihm los."

Wieso wirken so viele Frauen wie Sklavinnen ihrer bereits fast erwachsenen Kinder? Wieso gibt es immer noch die bereitwilligen Mütter, die ihren Söhnen die nassgeschwitzten Fußballklamotten aus den Sporttaschen klauben, während ihr Liebling sich über das von ihnen liebevoll bereitete Essen hermacht? Und wenn er dann fünf Minuten später schreit: „Wieso ist denn mein blaues Hemd nicht gebügelt?", entschuldigen sie sich auch noch dafür.

Um Missverständnissen vorzubeugen: Es geht hier nicht darum, Frauen aufzufordern, sich den legitimen Bedürfnissen und Anforderungen der Menschen um sie herum zu verschließen. Vielmehr geht es darum, herauszufinden, warum manche Frauen – und auch Männer – sich bis zum Umfallen für andere einsetzen und dabei oft sich selbst, ihre eigene Befindlichkeit und ihre Bedürfnisse gar nicht mehr spüren, während andere ein gutes Gespür für ihre eigenen Bedürfnisse und für die Bedürfnisse anderer haben, ohne dabei selbst zu kurz zu kommen.

Der Grund dafür ist unter anderem in unserer frühkindlichen Entwicklung zu suchen. Wenn ein Kind geboren wird, nimmt es sich selbst nicht als von der Umwelt getrennt wahr. Es ist quasi mit ihr verschmolzen und erlebt sich als eins mit der Mutter. „Wenn seine Mutter singt, weiß das Baby nicht, dass es diese Geräusche nicht selbst hervorbringt. Es kann sich selbst nicht von der Wiege, dem Zimmer und seinen Eltern unterscheiden. Belebtes und Unbelebtes sind dasselbe. Es gibt noch keine Unterscheidung zwischen Ich und Du. Der Säugling und die Welt sind eins. Es gibt keine Grenzen und keine Trennungen. Es gibt keine Identität."*

---

* M. Scott Peck: Der wunderbare Weg, München 1986, S. 83.

Mit wachsender Erfahrung nimmt das Kind wahr, dass es von anderen Menschen und von den Dingen um es herum getrennt ist.

„Wenn es hungrig ist, erscheint nicht immer die Mutter, um es zu füttern. Wenn es spielen möchte, will die Mutter nicht immer spielen ... Es erlebt seinen Willen als etwas vom Verhalten der Mutter Getrenntes. Ein Gefühl für das ‚Ich' beginnt sich zu entwickeln. Man nimmt an, daß aus diesem Wechselspiel zwischen Kind und Mutter das Identitätsgefühl des Kindes zu wachsen beginnt."*

Wächst ein Kind in gesunden Beziehungen auf, das heißt in intakten Beziehungen zu Vater und Mutter, kann das folgendermaßen aussehen:**

Die Mutter ist warmherzig, sieht, was das Kind braucht um seiner selbst willen, lobt es, gibt ihm Geborgenheit, auch indem Geborgenheit zwischen Vater und Mutter besteht. Das Kind bezieht also Sicherheit aus der intakten Beziehung seiner Eltern.

Wenn der Vater außerdem Halt, Ruhe und Sicherheit gewährt, wenn die Eltern ihre eigene Wertigkeit positiv erlebt haben, dann entwickeln sich beim Kind folgende Merkmale:

Es hat Selbstwertgefühl, kann sich relativ gut selbst einschätzen, erkennt die eigenen Grenzen und Möglichkeiten, entwickelt eine Beziehung zu sich selbst und anderen, ist liebesfähig, das heißt, es kann sich selbst verschenken, aber auch bei sich sein. Es kann abgeben und behalten, kann sich binden und loslassen. *Es hat sich gefunden im liebenden Du.*

---

* ebenda.
** Die folgenden Ausführungen zum Thema Identitätsfindung stammen außer der Reißverschlussmetapher alle aus einem unveröffentlichten Referat der Leiterin des Seelsorgewerkes Ichthys – Christa Weber. Ich bin ihr für ihre Ausführungen sehr dankbar, weil sie schlüssig und verständlich darlegt, welche Ursachen und Folgen eine mangelnde Identitätsentwicklung hat.

Es kann später Diener und Herr sein, kann Raum geben und einnehmen – Raum zum Fühlen, Entdecken und Entfalten.

Es hat das Gefühl, dass es wichtig ist um seiner selbst willen, sich Anerkennung nicht durch Leistung zu verdienen braucht. *Es darf sein.*

Ein solches Kind wird zu einer eigenständigen Einheit, mit ganz eigenen Grenzen und einem relativ intakten Gefühl dafür, wo es selbst aufhört und der andere anfängt.

Die beiden amerikanischen Familientherapeuten und Autoren Merle A. Fossum und Marilyn J. Mason haben in ihrem Buch „Aber keiner darf's erfahren"* ein sehr schönes Bild für die Abgrenzung eines solchen Menschen verwendet. Die drei Elemente der Persönlichkeit Körper, Gefühle und Intellekt des einzelnen Menschen sind von einer Art Hülle umgeben, die mit einem Reißverschluss nach außen zu öffnen ist. Bei einer positiven frühkindlichen Entwicklung ist dieser Reißverschluss von innen, also von der betreffenden Person selbst zu öffnen. Von außen ist er nicht zu betätigen. Die betreffende Person bestimmt selbst, welche Reize sie von außen an sich heranlässt und welche nicht. Sie ist in der Lage, selbst zu entscheiden und zu bestimmen, was sie aufnehmen möchte. Sie erlebt sich als eigenständige Einheit.

Nun läuft aber dieser Prozess, in dem ein Kind erkennt, dass es selbst eine Einheit ist, wie auch seine Mama eine ist und sein Papa, nie störungsfrei ab – selbst bei den besten Absichten.

Was geschieht beispielsweise, wenn die Eltern die eigene Wertigkeit negativ erlebt haben? Die Mutter als erste Bezugsperson, als das erste Du im Leben des Kindes, spielt hier mit all dem, was sie aus ihrer eigenen Kindheit mitbringt und mit ihrer grundsätzlichen Einstellung zum Leben

---

* Merle A.Fossum; Marilyn J. Mason: Aber keiner darf's erfahren, München 1992, S.100.

und zu einer Schwangerschaft eine entscheidende Rolle. Es sind zahlreiche Aspekte, durch die verhindert werden kann, dass die Mutter sich für das Kind und die Beziehung zu ihm öffnet. Dazu gehören beispielsweise Faktoren wie die Tatsache,

- dass sie zu jung ist,
- dass sie überfordert oder überlastet ist,
- dass sie bereits zu viele Kinder hat,
- dass sie sich selbst hasst,
- dass sie emotional verschlossen ist,
- dass sie sich auf ein bestimmtes Geschlecht für das Kind festgelegt hat, das heißt sie will nur einen Jungen oder nur ein Mädchen,
- dass die Schwangerschaft zu einem ungünstigen Zeitpunkt zustande gekommen ist,
- dass sie Angst vor der Geburt hat,
- dass sie Angst um die Beziehung zum Vater des Kindes hat,
- dass sie gefühlsarm ist,
- dass sie sich beim Kind mehr holt als sie geben kann.

All diese Aspekte prägen die Grundgefühle des Kindes. Es empfindet sich unter solchen Voraussetzungen als Last, verschließt sich gefühlsmäßig und leidet im schlimmsten Fall unter Selbsthass.

Wird es von den Eltern, besonders der Mutter, wenig oder gar nicht beachtet, fühlt es sich unwichtig, hat es das Gefühl, nicht richtig zu sein, hält es sich gar für dumm und hässlich. Weil es von der Mutter nicht wirklich angenommen ist, nicht bei ihr ankommen oder *landen* kann, kommt es zu der inneren Überzeugung, dass es gut wäre, wenn es anders wäre und nicht so, wie es ist. Das Kind kommt zu der Überzeugung, dass es etwas tun und leisten muss, um überhaupt eine Lebensberechtigung zu haben.

Nun versucht das Kind zu erspüren, auf welche Weise es

am besten ankommt und dies wieder besonders bei der Mutter. Es schaut, was die Mutter mag, was ihr gefällt, was sie braucht und will. Das diesem Verhalten zu Grunde liegende Gefühl, nämlich nicht zu genügen, zieht fast immer Minderwertigkeit, Selbsthass, Neid und Ablehnung nach sich.

Selbsthass ist nun aber wiederum im Tiefsten ein Hass gegen die Bezugsperson, der aber nicht sein darf, weil damit dem Kind die Existenzgrundlage entzogen wird. Das Kind darf die Mutter nicht hassen, weil es dann nicht mehr leben kann.

Die praktische Reaktion sieht dann also so aus, dass das Kind eine Art Rachehaltung einnimmt: Wenn ich nicht bei dir *landen* kann, entziehe ich mich eben. Ich opfere mich, tue, was von mir erwartet wird, bleibe aber im Innern unbeteiligt und bin eigentlich nicht wirklich bei der Sache. Denn als ganze Person bin ich ja schließlich nicht gefragt, gefragt ist lediglich meine Leistung. Das eigentliche, ursprüngliche Selbst zieht sich immer mehr zurück und sichtbar bleibt nur der „Leistungsteil" der Persönlichkeit.

Die Folge davon ist eine Art seelisches Selbstversorgerdasein nach dem Motto: Ich brauche niemanden und lasse Schwäche und Ohnmacht nicht zu. Wenn aber Ohnmacht und Schwäche nicht zugelassen werden, wird dies in der Regel dadurch kompensiert, dass die Person versucht, Macht, in welcher Form auch immer, zu erlangen und auszuüben. Das kann durch Leistung geschehen, durch Verweigerung, durch negative Aufmerksamkeit oder auch durch blanke Gewalttätigkeit – Macht hat viele Gesichter und kommt manchmal auch verkleidet als Schwäche daher. Wenn jemand beispielsweise ständig kränkelt, kann er damit ganze Familien lahm legen und im Griff haben.

Die Maßstäbe für ein solches Verhalten und Empfinden kommen jetzt also ausschließlich von außen, statt von innen, weil dieser Mensch als eigenständige Person nicht gefragt ist und auch nicht gehört wird. Seine Grundeinstellung ist allein von der Frage gesteuert: „Was wollen Vater und Mutter?" Eine solche Person befolgt zwar rein äußerlich gesehen alle Regeln und Gebote, dies jedoch ohne innere Zustimmung und Einwilligung, sondern immer irgendwie *zähneknirschend*.

Eine derartige Grundhaltung verhindert die eigene Selbstfindung und Selbsteinschätzung und das jeweilige Gegenüber erscheint einem immer besser, netter und liebenswerter. Äußerlich mag eine solche Person ihr Gegenüber zwar anlächeln, aber innerlich bekämpft sie den anderen und fühlt sich von ihm unterdrückt.

Dieser Zustand zusammen mit der darunter liegenden Grundhaltung ist alles in allem eine ungeheure Überforderung, weil die betreffende Person nicht in das einwilligt, was geschieht, denn schließlich wurde sie nicht gefragt. Ein Leben, das auf diese Art und Weise gelebt wird, ist am besten mit einer Autofahrt mit angezogener Handbremse vergleichbar. Denn wenn man ständig einem solchen inneren Widerstand ausgesetzt ist, ist es kein Wunder, dass man andauernd all seine Kräfte mobilisieren muss und dadurch unendlich müde ist.

So ist es auch kein Wunder, dass ein solcher Mensch, der von seinem Leben ständig überfordert wird, nur schwer herausfinden kann, was ihn in seiner Gesamtheit als Mensch ausmacht. Denn ein derart vom Gefühl abgespaltenes Leben lässt im Grunde nur „Kopfarbeit" zu. Diese seelischen Grundbedingungen stellen dann letztlich einen perfekten Nährboden für Härte und Gefühlsgeiz dar.

Darüber hinaus sind Menschen mit solchen Grundvoraussetzungen überaus anfällig für Abhängigkeiten, denn schließlich brauchen sie andere, damit diese ihnen sagen, wer sie sein sollen. Das allerdings zieht wiederum negative Gefühle nach sich, beispielsweise ausgenutzt oder vereinnahmt zu werden. Auf jeden Fall verspüren sie stets die Angst, zu kurz zu kommen. Eifersucht stellt sich ein und alles wird begleitet von einem penetranten Gefühl der Unzufriedenheit.

Schließlich kommt es so weit, dass man sich ständig sagt: „Ich muss mich selbst schützen und schonen, weil es ja sonst niemand tut." Und es stellt sich das Grundgefühl ein, dass man ohnehin keinerlei Rechte hat, sondern nur Pflichten, woraus sich dann wiederum diverse innere Grundeinstellungen ergeben:

- Die innere Forderung, dass die anderen sehen müssen, was man braucht.
- Man klagt seine Rechte ein.
- Man lebt davon, dass andere einen beachten und brauchen.
- Man übernimmt nicht die Verantwortung für sein Leben.
- Man hat nur wenig Selbstwertgefühl, sodass man es mit allen Mitteln aufbessern muss.
- Wenn man dann doch einmal Bestätigung erfährt, glaubt man sie nicht.

Ich möchte an dieser Stelle noch einmal auf die Reißverschlussmetapher von Fossum und Mason zurückkommen: Bei einer Person mit einer solchen Grundhaltung gegenüber dem Leben, hat dessen Einheit bestehend aus Intellekt, Gefühlen und Körper, die sich durch den von innen zu betätigenden Reißverschluss nach außen hin abgrenzt, die Kontrolle über diesen Reißverschluss verloren. Dadurch ist dieser nun von anderen von außen zu öffnen. Die betreffende Person kann somit jederzeit von außen und ohne Vorwarnung „überfallen werden", was in aller Regel tiefe Beschämung nach sich zieht und das Selbstwertgefühl weiter schädigt, bis zu dem Punkt, an dem die betreffende Person sich nicht nur nicht mehr gegen schädliche Einflüsse schützen kann, sondern gar nicht mehr weiß beziehungsweise wahrnimmt, was ihr schadet.*

---

* Vgl. ebenda, S.101.

Die Fähigkeit Nein zu sagen verschwindet schließlich, wenn sie denn jemals überhaupt vorhanden gewesen ist.

Passiert dies mit uns, werden wir zu einer der vielen Claudias, die sich bis zur Selbstaufgabe einsetzen und aufopfern, ohne aber jemals das zu bekommen, wonach sie sich zutiefst sehnen, nämlich einfach sie selbst sein zu dürfen und angenommen zu sein. Außerdem beginnen sie die Petras dieser Welt zu beneiden und sind böse auf sie, weil sie vermeintlich ohne Mühe all das bekommen, wonach die Claudias sich so sehr sehnen.

Im Folgenden sollen nun die sechs bereits genannten Lebensbereiche etwas näher betrachtet werden, in denen es besonders schwer ist, sich abzugrenzen. Diese Schwierigkeit sich abzugrenzen entsteht dadurch, dass die Übergriffe entweder besonders subtil sind – wie beispielsweise in der Werbung, den Medien und dem Zeitgeist – oder dass sie einfach *normal* erscheinen, weil sie uns in Fleisch und Blut übergegangen sind. Und schwierig ist es außerdem, weil uns die Menschen, von denen sie ausgehen, emotional sehr nahe stehen oder auch weil wir *vermeintlich* von ihnen abhängig sind – wie beispielsweise im Beruf.

Familie

Familie, das ist für die einen der Inbegriff von Geborgenheit und Heimeligkeit, für die anderen ist sie ausschließlich Kampfplatz. Die einen verbinden damit Sicherheit, doch für die anderen ist sie der Ort, an dem sie sich die meisten Verletzungen zugezogen haben. Manche finden in der Familie Entspannung und neue Kraft, andere wiederum müssen sich bei jeder Begegnung innerlich wappnen und sind nach innerfamiliären Begegnungen noch Tage später seelisch angeschlagen. In der Familie, egal ob in der Ursprungsfamilie, also dort, wo wir unsere Wurzeln haben, bei Vater, Mutter, Geschwistern und oft auch Großeltern, oder in der Familie, die wir mit Ehepartner und Kindern selbst gegründet haben, ist es besonders schwer sich abzugrenzen, weil hier Prägungen, Gefühle, Erwartungen, Ängste und Forderungen besonders geballt und vielschichtig auf einen einstürmen. In der Familie hat man eine Menge von Rollen inne: Man ist Tochter, Schwester, Ehefrau, Freundin, Mutter von Söhnen oder Töchtern oder beidem – ein Riesenunterschied –, Schwiegertochter, Schwägerin und manchmal auch noch Enkelin. Es ist schon schwierig genug, immer genau zu wissen, wer oder was von alledem man gerade ist, und es ist fast noch schwieriger, zu durchschauen, wo man selbst steht, wo man ganz man selbst ist und wo das eigene Verhalten und die eigenen Gefühle von anderen durch alte Prägungen und

Rollenvorgaben gesteuert oder manipuliert werden, die dann in fast zwanghaften Verhaltensweisen unbekannten Ursprungs resultieren.

Kennen Sie auch diese Augenblicke, in denen Ihnen schlagartig klar wird, dass Sie soeben den Eid gebrochen haben, etwas „niemals so zu machen wie meine Mutter"? Ist Ihnen auch dieses Gefühl der Beschämung, Reue, des Ausgeliefertseins, der Zwanghaftigkeit einfach schrecklich? Für mich sind solche Momente besonders eindringlich, wenn ich mit meiner Tochter so verfahre wie meine Mutter bisweilen früher mit mir und ich mir eigentlich fest vorgenommen, wenn nicht gar hoch und heilig versprochen hatte, so etwas mit meiner Tochter niemals zu machen.

Solche Zwanghaftigkeiten und Zwickmühlengefühle kennen wir alle. Sie tauchen in Situationen auf, wenn das eigene Gegenüber es wieder mal „nur gut meint" und das, was man selbst und das, was der andere unter gut versteht, so furchtbar weit auseinander klafft. Übertragen auf unsere Beziehung zu unseren Eltern kann dies beispielsweise bedeuten:

Warum sage ich: „Wir brauchen als Familie einen Urlaub ganz für uns allein", und am Ende fahren Eltern oder Schwiegereltern doch wieder mit? Schließlich haben sie eine Menge Geld zur Finanzierung des Urlaubs dazugelegt, außerdem möchten sie doch so gern mal die Kinder im Urlaub erleben und dann können sie ja auch abends auf die Kleinen aufpassen „und ihr könnt dann was für euch unternehmen". Kein Wunder, dass wir dann einen Urlaub erleben, der eigentlich keiner ist, weil wir im Grunde wieder selbst Kind, aber gleichzeitig auch Eltern sind. Zudem finde ich es manchmal so schrecklich schwierig, wirklich Mutter meiner Kinder zu sein, was natürlich Priorität hat, und nicht immer noch Tochter meiner Eltern, indem ich versuche es ihnen ständig Recht zu machen. Diese Zeiten sind vorbei. Es ist so schwierig, hier einen praktikablen, gangbaren Weg zu finden, der für alle lebbar ist – wobei sich natürlich die Frage stellt, ob ein solcher Weg unbedingt gefunden werden muss und ob es ihn überhaupt gibt.

Warum lässt man seine Mutter die Tapete seiner Studentenbude aussuchen, obwohl man eigentlich lieber den Putz einfach übergestrichen hätte?

Wieso bekommt unser Baby doch den Namen, den Mutter so schön findet und wir verzichten auf unsere Vorstellungen? Ja, wie viele Familienkräche hat es wohl schon über Babynamen gegeben?

Warum verbringe ich das Weihnachtsfest jedes Jahr wieder zu Hause, obwohl es mich da nur anödet? Wie ist es möglich, dass landauf, landab während der Weihnachtsfeiertage Krisen angesagt sind, weil Menschen – und zwar erwachsene Menschen – sich darüber streiten, welche Eltern das Privileg des Besuches am ersten Weihnachtstag bekommen und welche sich mit dem zweiten Feiertag begnügen müssen?

Warum haben wir bei meinen Eltern beziehungsweise Schwiegereltern den Dachboden ausgebaut, dabei sogar aus Kostengründen auf einen eigenen Eingang verzichtet und uns nicht selbst eine Wohnung gesucht, auch wenn wir dann materiell auf vieles hätten verzichten müssen?

Ich persönlich halte die romantische Vorstellung vom Mehr-Generationen-Wohnen für nicht mehr als eben dies – eine romantische Vorstellung. Ich persönlich kenne keine Familie, bei der es tatsächlich funktioniert. Bestimmt gibt es solche Familien, aber wie gesagt, kenne ich persönlich keine, obwohl ich in einer ländlichen Gegend wohne, in der diese Art des Zusammenlebens noch relativ normal und gang und gäbe ist. Aber ich kenne eine ganze Reihe junger

Frauen, die unter den bestenfalls strengen, schlimmstenfalls missbilligenden Blicken meistens der Schwiegereltern ein Leben führen, das von Zwängen, Druck, Forderungen, Lieblosigkeit und einem Anspruch geprägt ist, dem die betreffende Frau niemals gerecht werden kann, nämlich so zu sein wie ihre Schwiegermutter beziehungsweise Mutter.

Staunend stelle ich immer wieder fest, wie blauäugig junge Leute sich bei der älteren Generation einnisten und darin von den Älteren, die es aus eigenen leidvollen Erfahrungen eigentlich besser wissen müssten, auch noch bestärkt werden. Natürlich kommt es dadurch unweigerlich zu Übergriffen, die eigentlich sofortiger Klärung bedürfen, aber „um des lieben Friedens Willen" bis zum St. Nimmerleinstag vertagt werden.

Hier ist jeder Abgrenzungsversuch ein echter Kampf und es geht dabei häufig um Abgrenzung in Bereichen, über die eigentlich nicht mehr diskutiert werden müsste. Da geht es auch heute noch darum, ob die Schwiegermutter die Post der jungen Familie öffnen darf und wer abends wann im Bett zu sein hat, ganz zu schweigen von Übergriffen in Bezug auf die Erziehung der Enkel, die wiederum ein unglaubliches Problemfeld darstellt.

Eine meiner Freundinnen, die mit ihren Schwiegereltern in einem Haus lebt, erzählte mir: „Ich weiß eigentlich, dass ich meinen Kleinen nicht bei jedem Piepser hochnehmen sollte, aber wenn ich es nicht tue, macht es meine Schwiegermutter. Sie kommt dann ungefragt nach oben, macht mir Vorwürfe, dass ich ihn schreien lasse und nimmt ihn mit nach unten. Was soll ich denn da machen?"

Es gibt in diesem Zusammenhang unglaubliche Geschichten von derart heftigen Übergriffen, die zu einem unermesslichen Ausmaß von Leid und Verbitterung führen. Dies liegt in der Regel an den Söhnen, die ebenfalls ein Abgrenzungsproblem haben und es aus welchen Gründen auch immer nicht schaffen, die Prioritäten richtig zu setzen.

Sie bringen es nicht fertig, sich vom Elternhaus zu lösen, um ihre eigene Familie an die erste Stelle zu setzen.

In der Bibel steht bereits auf einer der ersten Seiten die weise Regelung, dass ein Mann Vater und Mutter verlassen soll, wenn er heiratet, damit er sich wirklich ganz auf die neue Familie einlassen kann – im Übrigen ist dies ebenfalls für Frauen ratsam. Wenn diese Regel aber nicht eingehalten wird, führt das unweigerlich zu Ärger und ganz viel Leid.

Um hier Missverständnissen vorzubeugen, ich bin nicht der Meinung, dass man sich von seinen Eltern komplett lossagen und sie meiden muss, damit man von ihnen unabhängig und offen für die neue Situation wird. Ich meine damit auch nicht, dass man sich um alternde und hilfsbedürftige Eltern nicht zu kümmern braucht. Im Gegenteil, das ist sehr wichtig und ebenfalls ein Gebot Gottes. Wir sollen unsere Eltern ehren, aber die Frage ist doch, ob wir das überhaupt können, so lange wir noch nicht von ihnen abgenabelt sind.

In der Regel sind es ja zwei Gründe, weshalb wir von unserer Ursprungsfamilie nicht wegkommen. Der eine ist Bequemlichkeit. Dazu gehört vor allem das Phänomen des „Hotel Mama". In diesem „Hotel" hat sich der voll flugfähige Nachwuchs eingenistet und macht keinerlei Anstalten, sich aus dem Nest zu bequemen. Dazu gehören aber auch die entsprechenden Eltern, die sich weiterhin so verhalten, als hinge das Wohl und Wehe ihres Nachwuchses immer noch von der Qualität ihrer Versorgung ab.

Unter diese Rubrik zähle ich all die ausgebauten Dachgeschosse, die als Zusatzbonus häufig geringe oder gar keine Miete und kostenlose Kinderbetreuung enthalten. Doch als Preis hierfür muss die Mutter in Kauf genommen werden, die ihrem fast 50-jährigen Sohn, der auf seinem Sofa im Wohnzimmer liegt, gegen 22 Uhr liebevoll die Decke wegnimmt und ihn ins Bett schickt, dann aber beleidigt reagiert, wenn die Schwiegertochter provozierend nachfragt, ob die Mutter den Sohn nicht auch noch die Treppe hinauftragen und ins Bett legen möchte – und das ist ebenfalls keine erfundene Geschichte.

Ein weiterer Grund für eine solche Wohnsituation kann aber auch das tief sitzende Gefühl sein, dass die Familie einem etwas schuldig geblieben ist – in der Regel Liebe. „Bevor ich diese Liebe nicht bekommen habe, kann ich nicht gehen", schreit es im Innern des betreffenden Kindes, das hier allerdings einem Irrtum erlegen ist. Denn es wird diese Liebe dort nicht mehr bekommen und selbst wenn, sie würde ihm nichts mehr nützen. Zudem ist es auch nicht die Liebe der Eltern, die einen erwachsenen Menschen zufriedener machen oder einem weiterhelfen könnte.

Wenn man sich aber eine konstruktive Lösung für sich und seine Eltern wünscht, dann bleibt einem nichts anderes übrig, als loszulassen und zu sagen: „Ich werde diese Liebe, die ich als Kind wirklich so dringend gebraucht hätte, bei ihnen auch jetzt nicht mehr bekommen. Ich höre jetzt auf, sie einzufordern und lasse meine Eltern los." Das ist ein Schritt, der sehr schmerzlich ist, weil man darin etwas loslassen muss, was man nie oder zu wenig bekommen hat. Aber es gibt keinen anderen Weg. Vielmehr ist es wichtig, auf Ansprüche oder vielleicht sogar Racheschwüre zu verzichten.

Dieser Vorgang des Loslassens, diese bewusste Entscheidung, auf eigentlich berechtigte Forderungen zu verzichten, wird in der Bibel als Vergebung bezeichnet, aus der sich echte Freiheit für das eigene Leben ergibt. Doch diese kann man nur bekommen, wenn man bewusst darauf verzichtet, Forderungen zu stellen. Wenn man diese wiederum als nicht mehr wichtig erachtet, muss man auch nicht mehr andauernd überlegen, wie man seinem Gegenüber wohl recht ist und sich auch nicht mehr ständig verknoten, um nicht anzuecken. Und man braucht auch nicht in bockigem Protest zu leben.

In der Praxis kann das folgendermaßen aussehen:

Es gibt in meinem Bekanntenkreis viele Frauen, die sich praktisch überschlagen, wenn es um Geburtstags- oder Weihnachtsgeschenke für ihre Mütter geht. Da werden die winzigsten Kreuzstichstickereien angefertigt und wenn es sein muss auch Klöppelkurse belegt, um der Mutter zu zeigen, wie tüchtig man ist. Diese Frauen zeigen mit diesen Aktionen, dass ihre Mütter doch eigentlich stolz auf sie sein müssen und dass sie ihre Liebe und Zuneigung doch eigentlich verdient haben.

Ich persönlich bin jedoch mittlerweile so weit, dass ich meiner Mutter inzwischen nichts mehr schenken muss, was ich unter Qualen selbst gebastelt habe, um sie zu beeindrucken. Ich muss mich nicht mehr verbiegen, um ihr zu gefallen. Ja, ich darf sogar sagen: Ich will nicht basteln, denn ich finde Basteln einfach schrecklich. Und ich bin inzwischen sogar so kühn, sie nicht mehr mit exotischen Tortenkreationen zu beeindrucken, wenn sie sich zum Kaffee angemeldet hat. Die sich aus dieser Pflicht ergebende Kür besteht dann anschließend in dem schier tollkühnen Akt, es mit einer Backmischung oder Tiefkühltorte zu wagen, wenn man es entweder nicht schafft, selbst etwas zu backen, oder wenn man fürs Backen nicht so viel übrig hat – auch das ist nämlich möglich und sogar erlaubt!

Bevor man nicht seine Forderung nach Liebe und Anerkennung an seine Ursprungsfamilie aufgibt, kann man nicht wirklich man selbst werden und deshalb auch nicht seine Grenzen erkennen. Man erkennt dann weder die Grenzen, die von den Menschen im eigenen Umfeld nicht überschritten werden dürfen, noch die Grenzen der eigenen Fähigkeiten und Möglichkeiten. Man bleibt auf diese Weise immer das Kind, das sich verhält, als sei es dem Wohl und Wehe der eigenen Eltern schutzlos ausgeliefert, aber das gilt nicht mehr! Man ist erwachsen!

Es ist auch nicht mehr nötig, sich zu rechtfertigen, wenn man zu Weihnachten lieber allein mit Mann und Kindern feiern oder gar wegfahren will. Damit fallen dann auch die Ausflüchte weg, denn – ich gebe zu, das erfordert schon ein bisschen Übung – man darf schlicht und ergreifend sagen: „Ich will nicht!"

Außerdem muss man auch nicht mehr sagen: „Ich kann nicht, weil ...", und sich dann auf haarsträubende Ausreden versteigen, sondern man darf – und kann! – wirklich und wahrhaftig sagen: „Ich will nicht!"

In der Abgrenzungsarbeit ist dies allerdings nach der Pflicht bereits das Kürprogramm. Bis hierher gilt jedoch: Jeder Mensch muss sich irgendwann von seinen Eltern lösen und damit abgrenzen, sonst wird er nie eine eigene Persönlichkeit, er selbst. Geschieht dies nicht, agiert man niemals selbständig, sondern reagiert nur und lässt sich von seinen unbefriedigten Bedürfnissen leiten. Daraus können sich dann Grundhaltungen ergeben, die auf inneren Aussagen wie: „Denen werd ich's aber zeigen", oder „das haben sie jetzt davon", beruhen.

Im Folgenden finden Sie ein weiteres Beispiel für ein unerwachsenes Verhalten zwischen Eltern und Kindern:

Die Mutter einer Bekannten hat immer noch deren Hausschlüssel, weil sie in den Sommerferien ihre Blumen gegossen und die Katze gefüttert hat. Doch jetzt ist es mittlerweile Weihnachten und Mutter hat immer noch keine Anstalten gemacht, den Schlüssel zurückzugeben. Stattdessen steht sie immer mal wieder plötzlich im Zimmer – bevorzugt freitagabends, wenn sie es sich zu zweit gerade auf dem Sofa gemütlich gemacht haben. Dieses Verhalten der Mutter hat jedoch nicht nur etwas mit ihrem mangelnden Taktgefühl zu tun, sondern auch mit der Unfähigkeit der Tochter, ihr zu signalisieren oder auch zu sagen, dass dies nicht ihr Zuhause ist und dass sie bitte anrufen soll, bevor sie kommt, oder wenigstens klingeln, bevor sie das Haus betritt.

Solche Forderungen sind tatsächlich erlaubt, ja man muss sie sogar äußern, wenn es in der eigenen Partnerschaft und Familie nicht zu einer Katastrophe kommen soll. An diesem Beispiel ist ganz deutlich zu sehen, dass zu solchen Übergriffen immer zwei Parteien gehören. Die eine, die Übergriffe veranstaltet und die andere, die sie zulässt und nichts dagegen unternimmt.

Sich von den eigenen Kindern abgrenzen lernen

Sich von den eigenen Kindern abzugrenzen ist wohl deshalb so schwierig, weil man es in den ersten Jahren weder kann noch soll. Man ist als Mutter die Welt seines Kindes und das muss auch so sein, damit es sich sicher fühlen und zu einer Person werden kann. Doch je ungenauer die eigenen Grenzen definiert sind und je weniger man weiß, wer man ist, desto schwieriger ist es auch, dem eigenen Kind zu vermitteln, wo man selbst aufhört und es anfängt, wo die Grenzen der Bereiche sind, in denen es selbst zuständig und verantwortlich ist und wo es sich darauf verlassen kann, dass man sich kümmert und für es die Verantwortung übernimmt. Je weniger die Mutter aber bereit oder auch dazu fähig ist, ihr Kind wirklich an ihr Herz zu lassen, desto heftiger wird es versuchen, mit ihr eine Herzensbeziehung zu bekommen, auch wenn es dabei ihre Grenzen überschreiten muss. Je größer daraufhin in einer solchen Beziehung die mütterlichen Schuldgefühle sind, weil sie ihr eigenes Kind nicht an sich heranlassen kann, desto unsicherer wird das Kind und desto heftiger und eindringlicher wird es sich an den Grenzen der Mutter zu schaffen machen. Es wird sie testen, wodurch die Mutter wiederum sich nicht mehr traut, die eigenen Grenzen fest und konsequent zu markieren.

Die Aufgabe einer Mutter besteht nun darin, die eigenen Grenzen zu erkennen und nach und nach immer besser zu erfahren, wer sie eigentlich ist. Aus dieser Sicherheit heraus und nur daraus kann sie dann ihrem Kind vermitteln, dass es bei jedem Menschen solche Grenzen gibt und dass das auch gut und richtig ist.

Ich selbst zum Beispiel akzeptiere es von einem bestimmten Alter an nicht mehr, mich von meinen Kindern an der Supermarktkasse unter Druck setzen zu lassen. In manchen solcher Begebenheiten hatte ich sogar den Eindruck, dass meine Kinder sich richtig aufgewertet fühlten, wenn ich ihnen die Grenze zwischen ihnen und mir gezeigt habe.

Eine höchst eindrucksvolle Erfahrung habe ich dabei mit unserem damals zehnjährigen Ältesten gemacht, der auch auf wiederholte Aufforderungen, sein Zimmer in einen begehbaren Zustand zu versetzen, nicht reagierte. Irgendwann habe ich mich dann persönlich dieser Aufgabe angenommen und zwei geschlagene Stunden lang das Zimmer aufgeräumt und geputzt und anschließend den Junior zur Bank geschickt, um von seinem Sparbuch DM 30 abzuheben. Diese musste er mir aushändigen, mit der Begründung: „Wenn du mich wie eine Putzfrau behandelst, dann will ich wenigstens auch so bezahlt werden."

Interessanterweise leistete er keinerlei Widerstand gegen mein Vorgehen. Vielmehr hatte ich eher den Eindruck, dass er sich von mir partnerschaftlich behandelt und ernst genommen fühlte. Und ich nahm ihn auch im Anschluss an diese Aktion noch ernst, indem ich das Geld mit Genuss und ohne schlechtes Gewissen nur für mich persönlich ausgab. Wir mussten zwar nach einer Weile diese Übung noch einmal wiederholen, aber jetzt klappt es mit der Ordnung in seinem Zimmer einigermaßen.

Nun ist diese Entlohnung der eigenen Mutter für deren Dienstleistungen kein Patentrezept, denn jedes Kind hat andere Bereiche, in denen es auf Einschränkungen oder gar Beschneidungen empfindlich reagiert. So staunte eine Bekannte, die die oben beschriebene Methode ebenfalls ausprobiert hat, nicht schlecht, als ihre Tochter in der Woche nach der Aktion 15 Mark auf den Tisch legte und sie bat: „Dasselbe noch mal, Mama."

Das eine Kind reagiert zum Beispiel empfindlich auf Einschränkungen in seiner Freiheit, deshalb darf es aus bestimmten Gründen dann auch an ein paar Nachmittagen keine Verabredungen treffen. Ein anderes Kind ist wiederum empfindlich getroffen, wenn es weniger Zeit für seine Lieblingsbeschäftigungen verwenden darf. Eine Begründung für eine solche Restriktion könnte folgendermaßen aussehen: „Ich wollte heute Morgen eigentlich joggen, das ging aber leider nicht, weil ich dein Zimmer aufräumen musste. Aus diesem Grund kannst du dann heute Nachmittag eben nicht zum Reiten, weil du XY machen musst." Und wenn gar nichts helfen will, dann gibt es da immer noch den Computer, dessen Benutzung man drastisch eingrenzen kann.

Ich habe jedenfalls den Eindruck, dass Kinder es schätzen, wenn wir solche Grenzen deutlich setzen, auch wenn sie sich zunächst einmal dagegen wehren. Ich habe sogar schon beobachten können, dass dieses Wehren häufig eher der Form halber geschieht als wirklich ernsthaft. Denn Kinder fühlen sich bei einer solchen Behandlung ernst genommen und in ihrer Persönlichkeit respektiert. Sie lernen auf diese Weise – meist ganz ohne Druck und durch ein partnerschaftliches Miteinander –, dass auch sie ein Recht auf ihre eigenen Grenzen haben. Dadurch fällt es ihnen dann letztendlich auch leichter, die Grenzen anderer Menschen wahrzunehmen und zu respektieren.

Und dann ist da noch ein weiterer Aspekt des Themas „Grenzen zwischen Eltern und Kindern". Und zwar dürfen Eltern ihre erwachsenen Kinder darauf aufmerksam machen, dass sie keine kostenlosen dienstbaren Geister sind, die als Babysitter und für sonstige Dienste allzeit bereit zu sein haben. Sie dürfen Nein sagen, wenn sie mal wieder als

„Feuerwehr" eingeplant worden sind und ihren Kindern mitteilen, dass sie etwas anderes vorhaben. Ein solches Verhalten tut beiden Seiten gut und hält die Beziehung lebendig! Ich staune immer sehr, wenn junge Mütter sich über die Einmischung ihrer Eltern beziehungsweise Schwiegereltern beklagen, gleichzeitig aber, ohne mit der Wimper zu zucken, deren permanenten Babysitter-Service mit großer Selbstverständlichkeit in Anspruch nehmen.

Eltern müssen sich von ihren Kindern abgrenzen und zwar positiv abgrenzen, indem sie darauf hinweisen, dass sie eigenständige Personen mit eigenen Wünschen und Plänen, Vorlieben und Prioritäten sind. Geschieht dies auf liebevolle Weise, bleibt damit gleichzeitig klar, dass dieses Abgrenzen etwas anderes ist, als sich den berechtigten Wünschen und Bedürfnissen der Kinder und Enkel zu verschließen. Eine solche Art der positiven Abgrenzung ist etwas anderes, denn sie macht eine Beziehung echt und reich. Sie gefährdet eine Beziehung nicht, sondern macht sie lebendig, und vielleicht kann auf diese Weise zwischen Eltern und erwachsenen Kindern irgendwann sogar so etwas wie Freundschaft entstehen.

Abgrenzen vom eigenen Partner

Je nachdem, wie jemand in seiner Ursprungsfamilie er selbst werden konnte, ob er immer erst schauen musste, wie die anderen auf sein Verhalten reagierten und ob er ihnen in seiner Art recht war, wird für ihn auch die Abgrenzung innerhalb einer Partnerschaft einfach oder schwierig sein.

Doch in der ersten Verliebtheit will man in der Regel ja alles andere als sich abgrenzen. Man will verschmelzen, ein Wir-Gefühl muss her – das ist ja auch das Wunderbare am Verliebtsein. Aber wie schnell ist jeder Partner wieder in seiner Schublade und dann haben manche Verhaltensweisen und Reaktionen häufig sogar wieder etwas Zwanghaftes. Wie schnell ist der Einzelne wieder bei den Verhaltensweisen, die er sich meist schon als Kind angeeignet hat, um mit seiner ursprünglichen Umgebung möglichst gut zurechtzukommen.

Ich möchte diesen Punkt an einem Aspekt meiner eigenen Partnerschaft verdeutlichen – mit Zustimmung meines Mannes versteht sich.

Mein Mann ist ein ruhiger und hilfsbereiter Mensch und ich habe mich nicht zuletzt auch in seine Ruhe und Hilfsbereitschaft verliebt. Grund dafür ist wohl, dass ich als ältestes Mädchen von sechs Kindern oft das Gefühl gehabt habe, dass zu viel Verantwortung auf mir lag und ich um alles irgendwie kämpfen musste. Dadurch habe ich die Welt um mich herum eher feindselig als wohlwollend erlebt. Als ich meinen Mann kennen lernte, half er mir stets bereitwillig bei allem, was ich wollte. Außerdem gab er mir, was ich mir wünschte, ohne dass ich drängeln, kämpfen oder mich sonst irgendwie übermäßig anstrengen musste.

Was seine Ruhe anbetrifft, so war ich auch in diesem Bereich ausgesprochen anders geprägt als er. Bei uns zu Haus ging es manchmal sehr temperamentvoll und heftig zu. Zudem bin ich von meinem Temperament her eher quirlig bis hektisch und nicht gerade schweigsam.

Und nun treffen diese Ruhe und Hilfsbereitschaft meines Mannes auf meine Impulsivität gepaart mit dem Bedürfnis, dass auch mal jemand etwas für mich tut und mich entlastet. Das verträgt sich zunächst einmal ausgesprochen gut, weshalb auch viele unserer Freunde sagten, dass wir uns wunderbar ergänzten.

Es stellte sich jedoch nach Jahren des Zusammenlebens heraus, dass es sich bei unseren Eigenschaften auch um die Symptome von zwei „Behinderungen" handelte, die nur relativ gut zusammenpassten.

Ich selbst habe in meiner Kindheit und Jugend einen

Mangel an liebevoller Zuwendung erlebt und hatte als ältestes Mädchen gleichzeitig viel Verantwortung. Dadurch war ich – zumindest fühlte ich mich so – über weite Strecken sehr überfordert. Deshalb erwartete ich von meinem Mann, dass er diesen Mangel ausfüllte. Das war jedoch nicht möglich, weil dieser Mangel erstens ein Fass ohne Boden war, den mein Mann niemals ausfüllen konnte, und zweitens, weil mein Mann nicht die Person war, von der ich diese Liebe und Zuwendung brauchte. Von meinen Eltern hätte ich sie gebraucht – als Kind. Aus diesem Grund mussten dann auch letztendlich alle Anstrengungen meines Mannes vergeblich sein, weshalb er zunehmend frustriert war, denn er hatte das Gefühl, es mir nie recht machen zu können. Während ich wiederum zunehmend Schuldgefühle hatte, weil seine Liebesbeweise das Loch in mir nicht stopfen konnten.

Mein Mann hingegen hat in seiner Kindheit die Erfahrung gemacht, dass man eigentlich nur geliebt ist, wenn man immer nett, ruhig und hilfsbereit ist. Und jedes Mal, wenn einer von uns versuchte, aus diesem Schema auszubrechen, bekam der andere Angst und übte Druck aus.

Wenn mein Mann also versuchte, nicht mehr nett, sondern einfach nur er selbst zu sein, machte ich Zirkus und versuchte alles mögliche, um ihn wieder in die alte Rolle zu bewegen, die meinem unerschöpflichen Zuwendungsbedürfnis und auch meinem Bedürfnis nach Entlastung entgegenkam. Wenn ich aber versuchte, ohne seine Liebesbezeugungen auszukommen und Verantwortung für mich selbst zu übernehmen, wenn ich ihn also nicht mehr mit „Gebrauchtwerden" versorgte, dann machte er schlapp.

Als ich anfing, diese Mechanismen zu durchschauen, war ich zunächst ziemlich wütend, weil es mir so vorkam, als hätte er mich und meine vermeintliche Schwäche nur als Hintergrund benutzt, wodurch er immer als der strahlende Held dastehen konnte. Und das ist er ja auch – um der Wahrheit die Ehre zu geben – zu einem gewissen Grad.

Mir wurde klar, dass, wenn sich für unsere Beziehung etwas ändern sollte, dies nur mit Hilfe der Konsequenz ging, dass ich versuchte, auch ohne seinen ständigen Einsatz für mich selbständig zu werden. Das tat einerseits meinem Selbstwertgefühl gut, aber andererseits trauerte ich auch der Zeit ein wenig nach, in der er Dinge für mich erledigte, die ich durchaus auch selbst hätte tun können.

Mein Mann reagierte natürlich auch auf diese Veränderung, und zwar indem er mir mitteilte, er wolle jetzt nicht mehr lieb und nett und gut und hilfsbereit sein. Jedenfalls wollte er das nicht aus dem falschen Motiv heraus, zu glauben er werde nur geliebt, wenn er immer gut und lieb, nett und hilfsbereit sei. Ihm brachte diese Änderung in seinem Verhalten ganz neue Freiräume, weil er nicht mehr diese ungeheure Menge an Energie darauf verwenden musste, zu „erspüren", was ich brauchte und das dann auch noch zu tun. Doch dies hatte für ihn auch seine Schattenseiten, denn für ihn war es daraufhin oftmals nicht ganz so einfach, nicht mehr der „tolle Typ" zu sein.

Fazit: Mein Mann muss jetzt damit leben, dass ich ihn nicht immer toll finde und ihn auch nicht immer brauche. Und ich muss damit zurechtkommen, dass ich als selbständiger Mensch sehr vieles selbst tun kann und dass keiner dazu verpflichtet ist, mich zu mögen oder gar zu lieben.

Es ist beängstigend, aber auch gleichzeitig befreiend, aus solchen Mustern, in denen wir alle irgendwie leben, auszusteigen und dahinter zu schauen. Auf diese Weise erkennen wir, dass wir auch ganz anders sind, als wir immer gedacht haben.

Das Aussteigen aus diesen Mechanismen kann in aller Regel erst dann beginnen, wenn einem deutlich wird – und zwar nicht nur mit dem Kopf, sondern auch im Herzen –, dass man für sich selbst verantwortlich ist. Es muss einem klar werden, dass man nicht man selbst werden kann und weit hinter seinen Möglichkeiten bleibt, wenn man sich ständig als Opfer der Umstände oder der Vergangenheit betrachtet und von anderen erwartet, dass sie das, was einem fehlt, ausgleichen oder wieder gut machen. Liebe kann in diesem Zusammenhang durchaus auch bedeuten, dass man mit etwas aufhört! Man hört auf zu erwarten, dass der Partner alles für einen tut, damit man selbst erlebt, wie befreiend es ist, seine eigenen Möglichkeiten auszuloten und festzustellen, was man eigentlich alles kann.

Wenn man sich traut, sich auf den Weg zu machen, um zu entdecken, wer und wie man eigentlich ist, dann kann man plötzlich vieles lassen, was sonst immer sein musste, und Dinge tun, die man früher nie gewagt hätte. Das kann auch ganz praktische Auswirkungen haben: Ich habe zum Beispiel immer ein bisschen Angst vor dem Autofahren und deshalb ist mein Mann – in seiner unendlichen Güte und Hilfsbereitschaft – früher fast immer für mich gefahren, meist sogar ohne zu murren. Das tut er nun nicht mehr so selbstverständlich und weil ich jetzt gezwungen bin, selbst zu fahren, verliere ich bei jeder Fahrt ein wenig mehr von meiner Angst und gewinne ein weiteres Stückchen meiner Unabhängigkeit. Ich entdecke so, dass ich mehr kann, als ich gedacht hatte. Das motiviert mich wiederum, an weitere Bereiche meines Lebens heranzugehen, an die ich mich früher nicht herangetraut habe. Mein Mann und ich lernen jetzt beide, nachdem wir bereits eingeübt haben „Ich kann nicht, weil ..." zu sagen, jetzt auch ohne allzu viel Angst „Ich will nicht" oder „Ich will" zu sagen. Das ist sehr befreiend und unsere Beziehung bekommt auf diese Weise eine ganz neue positive Spannung.

Also, auch in einer Partnerschaft gilt: Abgrenzen bedeutet, alte Denkweisen und Gewohnheiten zu hinterfragen. Es bedeutet aber auch das Risiko und Wagnis, auf eingefahrene Verhaltensweisen zu verzichten, die bis dahin ein gewisses Maß an Sicherheit und Vertrautheit geboten haben. Es bedeutet, unbekannten Boden zu betreten, der einerseits bedrohlich wirkt, weil man ihn nicht kennt, der andererseits aber meist auch Schätze birgt, die gehoben sein wollen und anschließend das Leben sehr bereichern.

Es geht nicht darum, sich abzuriegeln und auf bestimmte Rechte zu pochen, sondern vielmehr darum, Gestalt zu gewinnen, immer neue Aspekte der eigenen Persönlichkeit aufzudecken und sie in das eigene Leben und die Beziehung zum Partner zu integrieren. Das Ziel ist nicht, autark zu werden, sondern die Bereicherung der Beziehung. Wobei in diesem Prozess in der Regel Dinge in Frage gestellt werden, die bis dahin festgeschrieben schienen. Es tauchen dann zum Beispiel Fragen auf wie: Müssen eigentlich beide Partner immer alles gemeinsam unternehmen? Was wäre, wenn einer der beiden sagen würde: „Ich möchte gern mal eine Woche lang für mich allein sein"?

Ich habe irgendwann angefangen, eine Stunde am Tag alleine Ausdauersport zu treiben, was für meinen Mann bedeutet, dass er sich währenddessen um die Kinder und alles andere zu Hause kümmern muss. Zunächst hatte ich immer ein schlechtes Gewissen, wenn die Tür hinter mir zuschlug, aber mit der Zeit habe ich diese Gewissensbisse überwunden. Anfangs habe ich immer noch versucht, meinen Mann dazu zu überreden, doch auch irgendetwas nur für sich zu tun, aber damit habe ich inzwischen aufgehört. Vielmehr möchte ich ihn ernst nehmen, was in diesem Zusammenhang bedeutet, ihm nicht etwas aufzudrängen oder einzureden, nur um mein eigenes schlechtes Gewissen zu beruhigen. Das ist keine Fürsorge, sondern Manipulation!

Es gibt so viele ungute Kombinationen von *Behinderungen*, wie ich sie am Beispiel meiner eigenen Partnerschaft geschildert habe. In der Regel ist dabei für das Verhalten der Frauen typisch, dass sie sich ständig kümmern und etwas ändern wollen, indem sie den Partner verändern. Sie erliegen dem Irrtum, dass der Partner für das Problem verantwortlich ist und das Problem gelöst ist, wenn der Partner sich verändert hat – nach ihren Vorstellungen versteht sich.

Das geschieht aber nie!!!

Man kann niemanden ändern, nur sich selbst. Und genau aus diesem Grund ist es so wichtig, auch in einer Partnerschaft Grenzen zu haben und zu markieren.

Sich selbst auch innerhalb einer Partnerschaft abzugrenzen heißt, nicht mehr alles für den anderen zu sein, aber es heißt auch, aus Liebe zu ihm diejenige Person zu werden, als die Gott einen ursprünglich gedacht hat. Das bedeutet, nicht mehr zu meinen, dass man seinen Partner ändern kann oder muss – was ohnehin zum Scheitern verurteilt ist –, sondern herauszufinden, wer und wie man ist. Dann kann man an sich selbst arbeiten, beziehungsweise Gott an sich arbeiten lassen.

Dies ist ein sehr bereichernder Prozess, über den Henri Nouwen schreibt: „Es fällt der Liebe schwer, nicht in Besitz zu nehmen, denn unser Herz sehnt sich nach vollkommener Liebe, die aber kein Mensch geben kann. Nur Gott kann vollkommene Liebe schenken. Deshalb gehört zur Kunst des Liebens auch die Kunst, einander Raum zu gewähren. Wenn wir in den Raum des anderen eindringen und ihm nicht erlauben, ein freier Mensch zu sein, stiften wir in unseren Beziehungen viel Kummer und Enttäuschung. Gewähren wir einander Raum, in dem wir uns bewegen und unsere Gaben austauschen können, kann es zu wahrer Nähe kommen."*

Abgrenzung darf nicht zu einem Selbstzweck werden, sondern sie muss immer ein Ziel haben, das auf Beziehung und nicht auf die Befriedigung eigener Bedürfnisse ausgerichtet ist. Wenn diese Bedingung nicht erfüllt ist, kommt es unweigerlich zu Problemen.

---

* Henri Nouwen, Leben hier und jetzt, Freiburg 1998, S. 68.

Beruf

Es ist eine Stärke, aber gleichzeitig auch eine Schwäche von uns Frauen, dass wir nur in sozialen Bezügen leben und arbeiten können. Für uns sind Umfeld und Atmosphäre im Job mindestens genauso wichtig wie die Bezahlung. Wenn es in diesem Bereich nicht stimmt, können wir nichts leisten. An dieser Schnittstelle der einzelnen Frau als Person und ihrer Aufgabe in einem Gefüge geschehen besonders häufig und recht schwerwiegende Grenzüberschreitungen, zu denen aber, wie bei der Abgrenzung zwischen den Generationen, immer zwei Parteien gehören. Wieder gibt es jemanden, der die Grenzen überschreitet, und jemand anderen, der keine Grenzen zieht oder bestehende Grenzen nicht verteidigt. Aus dieser Haltung können sich folgende Verhaltensweisen ergeben:

- Ein dickes Lob für unsere Teamfähigkeit und Überstunden sind kein Problem mehr.
- Einmal von der Kollegin in Liebesdingen ins Vertrauen gezogen werden und kein Gefallen ist zu groß, um den sie einen bittet.
- Ein kummervolles „...es muss aber unbedingt sein, Sie sind meine letzte Rettung" und der Kunde bekommt, was er will, auch wenn es für einen so richtig stressig wird.

Die Tatsache, dass in unserer heutigen Gesellschaft der Wert von Menschen durch das festgelegt wird, was sie tun und nicht durch das, was sie sind, führt zu einem tiefen Sumpf von Menschen, die Ja sagen, obwohl sie eigentlich Nein meinen und umgekehrt. Wenn meine Tätigkeit als das gilt, was mich eigentlich erst zu einer Person macht, wenn nur der Beruf mir Wert und Status verleiht, dann wird das Abgrenzen besonders schwer.

Dieser Sachverhalt kann sich zum Beispiel darin zeigen, dass man sich für unentbehrlich hält, eine Variante, die besonders häufig bei Hausfrauen und Müttern, aber auch in anderen Arbeitsbereichen vorkommt, oder darin, dass man ständig auf Lob und Anerkennung angewiesen ist und bereits beim kleinsten Hauch von Kritik zusammenbricht.

Meines Erachtens ist die Gruppe der Vollzeithausfrauen und -mütter für Grenzüberschreitungen im Zusammenhang mit der ohne-mich-läuft-gar-nichts-Haltung besonders anfällig. Ganze Kindergarten- und Schulfeste können nur stattfinden, weil Vollzeitmütter wegen ihrer angeblich unwichtigen Tätigkeit Minderwertigkeitsgefühle haben. Wenn nun Frau X gebeten wird, für das Kindergartenfest ihren himmlischen Kirschkuchen zu backen und bei einem solchen Lob natürlich nicht widerstehen kann sich zu beweisen, auch wenn sie eigentlich keine Lust zum Backen und im Grunde auch gar keine Zeit hat, dann kann Frau Y, die daneben steht und alles mitbekommt, natürlich ebenfalls nicht Nein sagen. Außerdem, wie sähe das denn aus. Als ob sie unfähig, unsozial und keine gute Mutter wäre. Durch das Kuchenbacken kann sie das Gegenteil beweisen – meint sie zumindest – und öffnet damit allen weiteren Anfragen und Erwartungen Tür und Tor, weil sie damit in die Gruppe derer aufgenommen ist, die für die Kindergartenleitung als „kooperativ" gilt.

Und weil Frau X und Frau Y beide zugesagt haben, obwohl sie eigentlich nicht bereit waren, eine Aufgabe zu übernehmen, werden sie jetzt umso genauer darauf achten, wie stark sich andere engagieren. Bald wird es sie ärgern, wenn sich einige immer angesprochen fühlen und andere nie, und das, was sie ursprünglich einmal gern getan haben, wird jetzt zu einem *Opfer*. Sie *opfern* sich, was unglaublich viel Kraft kostet und nichts Positives bringt. Denn auch an dem ursprünglich ausgesprochenen Lob können sie sich jetzt nicht mehr freuen.

Ich persönlich habe es erst etwa zehn Jahre, nachdem unser erstes Kind im Kindergarten war, geschafft, mich an solchen Aktivitäten einmal nicht zu beteiligen. Doch ich merke dabei allerdings, dass ich immer noch in Versuchung gerate, mich für meine Nicht-Beteiligung zu entschuldigen oder zu rechtfertigen.

Um möglichen Missverständnissen vorzubeugen, es geht hier nicht darum, Kindergarten- und Schulvergnügungen zu sabotieren. Es ist auch nicht immer der wichtigste Faktor einer Entscheidung, ob man Lust zu etwas hat oder nicht, aber man darf sich sehr wohl vor solchen Aufgaben überlegen, ob man sie übernehmen möchte. Außerdem ist es manchmal auch hilfreich, sich noch zusätzlich die Frage zu stellen, ob man wirklich zur Mithilfe bereit ist und warum?

Wem nützt es und wer hat etwas davon, wenn man sich nur zum Bastelnachmittag schleppt, um seinem Kind eine Schultüte zu basteln, man aber gar kein Bastler ist, eigentlich zu diesem Termin keine Zeit hat und das Kind außerdem lieber die schicke grünmetallic-farbene Schultüte von Karstadt haben möchte? Davon hat niemand etwas, außer das eigene angekratzte Selbstwertgefühl, das es nicht auch noch ertragen könnte, wenn die anderen vermeintlichen Supermütter aus der Gruppe einen für eine Rabenmutter halten. Zudem könnte dieses arme Selbstwertgefühl womöglich noch ein bisschen aufgepäppelt werden, wenn Mutter Z noch schlechter bastelt als man selbst. Das sind meines Erachtens mehr als fragwürdige Motive, die einem kein Stückchen weiterhelfen und auch sonst niemandem.

Ich habe bei mir die Erfahrung gemacht, dass ich bereitwilliger und auch öfter mal eine Aufgabe übernehme, wenn ich weiß, dass ich Nein sagen kann und das respektiert wird. Doch es ist ein äußerst gemeiner Mechanismus, den ich immer wieder bei mir selbst und Frauen in meiner Umgebung beobachte: Je geringer unser Selbstwertgefühl in unserem Hausfrauen- und Mutterjob ist, desto höher wird unser Anspruch an uns selbst und desto mehr vergleichen wir uns mit anderen.

Und so basteln sich manche Hausfrauen jedes einzelne Fenster ihres Hauses zu, um nach außen zu zeigen, dass hier eine *tüchtige Hausfrau* wohnt, auch wenn sie Basteln schrecklich finden und eigentlich viel lieber lesen oder sich mit einer Freundin treffen würden. Nur schade, dass man letztere Tätigkeiten nicht sieht, ebenso wenig wie der liebevolle Umgang mit den eigenen Kindern. Diese Frauen powern sich aus, um so viel wie möglich vorzuweisen, denn nur dann sind sie angeblich wer. Aber einfach nur sie selbst zu sein und dadurch oft viel mehr zu bewegen und zu erreichen, das wagen viele nicht.

Was bedeutet es nun in diesem Bereich, sich abzugrenzen und Nein zu sagen? Es bedeutet, sich selbst als Person wahrzunehmen und ernst zu nehmen, als jemand mit Fähigkeiten, aber auch Vorlieben, als Person mit Aufgaben aber auch Freiräumen, als wichtige, aber nicht unentbehrliche Person, als Mensch, dem Wertschätzung wichtig ist und der auch darauf angewiesen ist, aber dessen Selbstwertgefühl nicht allein davon abhängt, was er tut.

Auch als Hausfrau darf man Nein sagen, Grenzen setzen und dafür sorgen, dass man nicht ausgenutzt und manipuliert wird. Die Tatsache, dass Hausarbeit keine angesehene Beschäftigung ist, nicht zuletzt durch die miese Bezahlung, bedeutet nicht auch gleichzeitig, dass alle Hausfrauen willfährige Sklaven sind, deren Belastbarkeit keine Grenzen hat. Im Gegenteil. Der Status der Hausfrauen wird sukzessive aufgewertet werden, wenn immer mehr von ihnen selbstbewusst ihre Grenzen ziehen und anschließend auch erwarten, dass ihre Umgebung diese respektiert.

Grenzen in einer beruflichen Erwerbstätigkeit

Wenn es um die Erwerbstätigkeit geht, gibt es meiner Meinung nach drei Beziehungsebenen, auf denen es recht schwer sein kann, Grenzen zu ziehen, man selbst zu bleiben und dadurch auch effektiv und effizient zu arbeiten:

1. Die Beziehung zum Chef
2. Die Beziehung zu Kollegen
3. Die Beziehung zu Kunden, Klienten, Patienten etc.

Zu Punkt 1: Es ist schön, einen netten Chef zu haben und es ist furchtbar, einen schrecklichen Chef zu haben. Beides kann allerdings genau gleich anstrengend sein; dann nämlich, wenn man zulässt, dass der Chef meinen Wert bestimmt. Weil es aber mittlerweile so normal geworden ist, dass der Wert eines Menschen an dessen Leistung gemessen wird, ist das Berufsleben zu dem Bereich geworden, in dem das Gesamtwertgefühl einer Person gestärkt werden, aber auch großen Schaden nehmen kann. Dabei kann die Beziehung zum Chef eine Schlüsselstelle einnehmen, weil er die Instanz ist, die die Leistung beurteilt und bewertet.

Hat man es mit einem Vorgesetzten zu tun, der nie lobt, dafür aber umso mehr kritisiert, der droht und Druck macht, der fordert, ohne selbst etwas einzusetzen, der nicht mehr die einzelne Person beziehungsweise Persönlichkeit sieht, sondern nur die Arbeitskraft, Leistung und Effizienz, dann kann das wirklich negative Auswirkungen auf das Selbstwertgefühl haben. Dies passiert besonders dann, wenn man eher eine Claudia als eine Petra ist (siehe Einführung) und ohnehin meint beweisen zu müssen, dass man etwas wert ist. Eine solche Person geht dann automatisch davon aus, dass der Maßstab und das Wertesystem des Chefs richtig ist und fühlt sich selbst dann klein und mickrig, wenn seine Forderungen überzogen sind, die Kritik ungerechtfertigt und sein Umgangston unverschämt ist.

Ebenso schade wie unverständlich ist es, wenn wir Menschen meinen, dass ein Arbeitnehmer – einschließlich der Hausfrauen – besser akzeptiert wird oder mehr Wertschätzung genießt, wenn er alles mit sich machen lässt, möglichst nie Nein sagt und sich pflegeleicht gibt. Diese Meinung ist ein Trugschluss. Stellen Sie sich doch einmal selbst die Frage, welche Art von Menschen Sie angenehmer empfinden. Sind es diejenigen, die stets Ja sagen, auch wenn man manchmal das Nein dahinter förmlich hören kann? Sind es die, die dann anschließend ihre entsprechende Bestätigung erwarten oder gar einfordern, oder sind es diejenigen, deren Ja ein Ja ist und die man beim Wort nehmen kann, auch wenn ihre Antworten uns manchmal nicht so sehr in den Kram passen?

Ich persönlich komme jedenfalls besser mit den Menschen klar, bei denen ich weiß, woran ich bin, und die dann im umgekehrten Fall auch einmal ein Nein von mir verkraften können. Wenn man so sehr auf die Anerkennung anderer und auf das Gefühl, gebraucht zu werden, angewiesen ist, tut man sich damit leider keinen Gefallen. Denn daraus entsteht ein Leben in Angst vor Ablehnung und Isolation und man erfüllt schließlich kritiklos und ohne sich dabei selbst im Blick zu haben die Anforderungen des Chefs.

Ich bin der festen Meinung, dass es gerade bei *schrecklichen* Chefs wichtig ist, Grenzen zu setzen und sich als Person mit Grenzen darzustellen. Und ich bin davon überzeugt, dass fast alle Chefs darauf reagieren werden, vielleicht zunächst überrascht, aber dann sicherlich auch positiv. Es ist wichtig, deutlich zu machen, dass man eine eigenständige Persönlichkeit mit vielen Facetten ist und nicht einfach nur eine Mitarbeiterin. Konkret bedeutet das: Wenn man zum x-ten Mal zu Überstunden gedrängt wird, darf und muss man sogar sagen, dass man außerhalb seines Berufes auch noch ein Leben führt.

Nur wenn man genau weiß und es einem auch bewusst ist, dass man etwas wert ist, auch ohne dem Chef zu gefallen, kann man in solchen Situationen Grenzen setzen. Nur dann wird und bleibt man man selbst und damit gleichzeitig effizient. Wenn man auf der Grundlage eines solchen Selbstwertgefühls dann auch in der Lage ist, konstruktiv mit Kritik umzugehen, sich ihr zu stellen und auf sie zu reagieren, dann ist man für seinen Chef ein ernst zu nehmendes Gegenüber und er wird sich genauer überlegen, wie seine Kritik beziehungsweise Anforderungen einem gegenüber aussehen.

Wenn jedoch kein positives Selbstbild vorhanden ist, kann ein besonders netter Chef ebenso anstrengend sein wie ein oben beschriebener *schrecklicher*.

Wenn der Chef seine Mitarbeiter lobt, fördert und ihnen gegenüber verständnisvoll ist, sie als Person wahrnimmt, sie ihren Stärken und Schwächen entsprechend einsetzt und Fehler nicht als Katastrophen betrachtet, dann ist das fast zu schön um wahr zu sein. Aber dies birgt auch gleichzeitig die Gefahr in sich, ihm beweisen zu wollen, dass man das alles auch verdient hat. Man will ihm wenigstens seine Dankbarkeit und Wertschätzung in Form von besonderem Einsatz beweisen.

Es ist viel schwieriger, einem Chef Überstunden zu verweigern, der besonders nett und verständnisvoll ist. Es ist viel schwieriger, weil man etwas zu verlieren hat, und zwar sein Wohlwollen. Auch hier herrscht Druck. Meist ist dieser zwar selbstgemacht, doch es gibt bestimmt auch Chefs, die ihre Mitarbeiter durch Nettigkeit zu mehr Leistung und übermäßigem Einsatz manipulieren.

Es ist nur dann gut, einen netten Chef zu haben, wenn man seine Nettigkeit nicht erst verdienen muss und wenn das eigene Selbstwertgefühl nicht von seiner Nettigkeit abhängt. Es ist außerdem nur dann gut, einen netten Chef zu haben, wenn das eigene Wohlbefinden nicht von seinem Lob abhängt. Und es ist nur dann gut, einen netten Chef zu haben, wenn man sich seinetwegen nicht zu verbiegen braucht, sondern mit seinen Möglichkeiten und Grenzen man selbst bleiben kann.

Zu Punkt 2: Die Atmosphäre am Arbeitsplatz ist ganz wesentlich vom Umgang der Kollegen untereinander geprägt. Wenn man sich in diesem Miteinander wohlfühlt, sich austauschen kann, es dort Menschen gibt, mit denen man dieselbe *Wellenlänge* hat, wenn man das Gefühl hat, respektiert und wertgeschätzt zu werden, dann ist man, besonders als Frau, leistungsfähig, einfach weil man als ganze Person gesehen wird.

Nun ist der Begriff des *Mobbing*, der seit einiger Zeit in aller Munde ist, der Beweis dafür, dass es an vielen Arbeitsplätzen mit den oben beschriebenen Eigenschaften nicht eben zum Besten steht. *Mobbing* bedeutet, dass einzelne Personen eines Mitarbeiterstabes bewusst gequält werden, in aller Regel, um sie loszuwerden oder dafür zu sorgen, dass sie Fehler machen, die letztlich zu einer Kündigung führen.

Mobbingopfer, so weiß man inzwischen, haben fast immer ganz ähnliche Eigenschaften. Und bekannt ist außerdem, dass es *Typen* gibt, die immer wieder, auch an verschiedenen Arbeitsstellen gemobbt werden. Es sind meist Menschen mit geringem Selbstwertgefühl, die von außen gesteuert und für Beurteilungen durch andere außerordentlich anfällig sind.

Auch hier geht es also wieder um das eigene Selbstbild. Der Kollege spürt genau, ob man weiß, wer man ist und was man will oder ob man sich an den Erwartungen anderer orientiert und ständig Anerkennung von außen braucht und dadurch leicht manipulierbar ist. Wenn einen jemand „ins

Vertrauen zieht" und einem Gerüchte über einen anderen Kollegen erzählt und man dies als Bestätigung für seine eigene Person braucht, dann hat man sich im Grunde bereits in die Hände des Tratschenden begeben. Eine Abgrenzung wird dadurch nur noch mehr erschwert.

Natürlich ist nichts Negatives daran, von anderen ins Vertrauen gezogen zu werden, doch man sollte den Preis dafür gründlich überschlagen. Denn sehr oft ist diese Art des Vertrauens an handfeste Erwartungen gekoppelt und wehe, wenn die dann nicht erfüllt werden.

Es ist also auch hier wichtig, dass man weiß, wer man ist und dass das eigene Selbstwertgefühl nicht dem Urteil der Kollegen unterworfen sein muss. Man kann nur dann eine gute Kollegin sein, wenn man nicht von dem Urteil der anderen Mitarbeiter abhängig ist. Und auch nur dann ist man eine loyale Kollegin, wenn man nicht allein vom Lob des Chefs lebt. Ein kompetentes und effizientes Arbeiten ist vor allem nur dann möglich, wenn man seine Leistungen weder unter den Scheffel stellt noch sie ständig durch Extra-Dienste unter Beweis stellen muss. Auf der zwischen-menschlichen Ebene wiederum gilt, dass man nur dann eine vertrauenswürdige Kollegin sein kann, wenn man es nicht nötig hat, sich selbst aufzuwerten, indem man andere schlecht macht und herabsetzt, man sich also nicht an Klatsch und Tratsch beteiligt, um dazuzugehören.

Zu Punkt 3: Es ist bisweilen bedrückend, wie der Umgang zwischen Berufstätigen und ihren Kunden, Patienten oder Klienten aussieht. Ob man in einer Behörde zu tun hat und dort unfreundliche Angestellte und Beamte vor sich hat, die einen behandeln, als sei man eine Zumutung, ob man in einem Café sitzt und die Bedienung genervt die Augen gen Himmel verdreht, weil man nicht innerhalb von fünf Sekun-den seine Wünsche äußert oder ob man in der Arztpraxis nach anderthalb Wartestunden auf die Frage, wie lange es noch dauern kann, rüde abgekanzelt wird – man hat es in all diesen Fällen mit Leuten zu tun, die keine gute Beziehung zu den Menschen haben, die in ihrem Beruf ihre Klientel sind.

Bisweilen kann ich ihr Genervtsein gut verstehen, denn es gibt an all den genannten Orten Menschen, die einem den letzten Nerv rauben können, aber der Umgang mit ihnen gehört eben zum Job! Manche Berufe haben nun einmal mit Service und Be-Dienen zu tun und hier stellt sich einem die Frage, ob man eine solche Arbeit machen will und ob man dafür die geeigneten Fähigkeiten mitbringt.

Wenn man nicht weiß, wer man ist oder in dem Grundgefühl lebt, nichts wert zu sein, dann muss zwangsläufig jeder, für den man etwas tun soll, eine große Herausforderung sein. Wenn einen dann auch noch das Gegenüber kritisiert oder anstrengend im Umgang ist, dann ist eine solche Situation gar nicht mehr auszuhalten. Festzustellen bleibt jedenfalls, dass die genannten Beispielangestellten nicht nur keine gute Beziehung zu ihrer Klientel haben, sondern wahrscheinlich auch nicht zu sich selbst. Sie fühlen sich abgewertet durch das, was sie tun und reagieren ihren Zorn darüber an den Menschen ab, mit denen sie beruflich zu tun haben.

Die andere Seite dieser Medaille sind Menschen, die ihr Selbstwertgefühl aufmöbeln, indem sie anderen helfen, weshalb sie in den helfenden Berufen besonders häufig zu finden sind. Sie sind oft Krankenschwestern, Altenpflegerinnen, Erzieherinnen oder auch Sozialarbeiterinnen oder gar Psychologinnen. Sie sind also gerade in den Berufen zu finden, die traditionell von Frauen ergriffen werden. Wie viele Frauen gehen in diese Berufe, weil sie von dem Gefühl, gebraucht zu werden, abhängig sind. Diese Abhängigkeit macht sie wiederum zum einen zu Opfern von Manipulation seitens ihrer Patienten beziehungsweise Klienten, zum anderen aber auch zu einer echten Gefahr für die positive Entwicklung eben dieser Menschen, denen sie eigentlich helfen wollten. Grund dafür ist, dass sie eigentlich nur ihre eigenen Bedürfnisse befriedigen wollen. So lange man hilflose und bedürftige Menschen braucht, um sich als wertvoll wahrzunehmen, erliegt man einem verkappten Größenwahn, nämlich allein schon durch den einfachen Wunsch zu helfen, auch helfen zu können.

Menschen mit einer solchen Persönlichkeitsschwäche benutzen diejenigen, mit denen sie zu tun haben, um selbst etwas zu bekommen – nämlich Dankbarkeit, das Gefühl gebraucht zu werden und das Image, besonders gut zu sein. Aber wehe, sie bekommen das alles nicht, dann können auch diese Menschen sehr ungemütlich werden.

Aus all den geschilderten Gründen ist es also auch im Umgang mit Kunden, Patienten, Klienten unbedingt von Vorteil, herauszufinden, wer man eigentlich ist und einmal einen Blick auf das eigene Selbstwertgefühl zu werfen. Wie viele Frauen erleben in ihrem Beruf, sei es als Hausfrau oder auch an anderen Arbeitsplätzen, viel Leid, weil sie dem Trugschluss erlegen sind, dass man alles mitmachen und zu allem Ja sagen muss, um wertgeschätzt zu sein und einen sicheren Arbeitsplatz zu haben! Es lohnt sich, sich selbst ein wenig genauer kennen zu lernen und herauszufinden, wo eigentlich die eigenen Stärken und Defizite liegen. Es ist doch interessant herauszubekommen, wo man sich immer noch ständig beweisen muss und in welchen Bereichen man relativ gelassen sein kann.

Letztlich kann nur derjenige in seinem Beruf erfolgreich sein und sein langes Berufsleben heil überstehen und sogar als eine Bereicherung empfinden, der in seinem Job er selbst bleibt, auch wenn es ein helfender Beruf ist oder vielleicht gerade dann.

Nur wenn man niemandem durch das, was man tut, seinen Wert beweisen muss, kann man sich als ganze Person in seine Arbeit einbringen. Erst dann kann man seine Fähigkeiten und Grenzen realistisch einschätzen und dadurch verantwortungsvoll arbeiten. Und nur dann muss man auch nicht mehr jede Reaktion eines anderen, sei es ein Kollege, der Chef oder ein Kunde, persönlich nehmen und zum Selbstwertbarometer machen.

Erst wenn man nicht mehr vom Lob seines Chefs lebt, kann man ein loyaler Kollege sein. Und nur wenn einem bewusst ist, dass man keinen anderen Menschen und auch manche Umstände nicht ändern kann, kann man für Kunden, Klienten oder Patienten eine echte Hilfe sein.

Medien und Informationen

Erschöpft falle ich wieder mal vor dem Fernseher in den Sessel. Bisher habe ich einen 14-Stunden-Tag hinter mir und eigentlich müsste ich jetzt noch bügeln, damit morgen früh keiner fragt: „Mama, was soll ich denn anziehen?" Im Fernsehen läuft eine Magazin-Sendung – Infotainment nennt man das heute. Ich denke: Information kann ja eigentlich nie verkehrt sein, und lasse einen Beitrag über Kinderpornografie – mit pikanten Details, versteht sich –, einen anderen Beitrag über verseuchte Babymöbel und einen über eklatante Fälle von Sozialhilfemissbrauch in mich hineinrieseln. Dann gehe ich ins Bett. Komisch, ich schlafe schlecht.

Mein Mann und ich überlegen, „ans Netz" zu gehen und aus diesem Grund bringt er eine Werbediskette eines Online-Dienstes mit. Da wird folgendermaßen geworben:

Eine hübsche junge Frau vom Typ Karrierefrau berichtet, wie sie diesen speziellen Online-Dienst nutzt. Wenn sie morgens aufsteht, schaltet sie als Erstes ihren PC an, um sich die Staumeldungen anzuhören und durchzulesen. Nachdem sie erfahren hat, wie der stausicherste Weg zum Bahnhof aussieht, informiert sie sich über die Bademoden der Saison. Dann macht sie sich auf den Weg zum Bahnhof. Dort angekommen, nutzt sie die Wartezeit auf den Zug, um sich bei verschiedenen Computeranbietern per Mausklick Angebote für eine neue Festplatte für ihren PC einzuholen, weil sie mehr Speicherplatz braucht. Als sie das billigste Angebot ermittelt hat, bestellt sie per Computer (oder Handy) die entsprechende Festplatte und so geht es weiter mit der armen jungen Frau, die bis zum Mittagessen so viele Informationen aufgenommen hat wie zur Jahrhundertwende ein Mensch in seinem gesamten Leben. Sie ist ständig erreichbar, nutzt ihre Zeit optimal aus, weil sie ständig drei Dinge gleichzeitig tut.

Wenn man nach Hause kommt, signalisiert einem heutzutage das Lämpchen des Anrufbeantworters, das Leute angerufen haben, die die Handynummer nicht hatten. Außerdem befinden sich in der Mailbox vom PC mehrere Briefe und man weiß nicht, auf was man zuerst reagieren soll. Auf jeden Fall will das alles erst mal abgearbeitet sein. Schön, so rund um die Uhr erreichbar zu sein und außerdem ist man wichtig, das sieht man schließlich an der Menge der Anrufe und Nachrichten.

*Ich möchte mich bei einem Krimi entspannen. Ich liebe Krimis, und zwar die vom klassischen Typ „Kommissar-sucht-Mörder-und-führt-ihn-seiner-gerechten-Strafe-zu-Krimi".
Pustekuchen – es werden zwar auf all den vielen Kanälen mehrere Krimis angeboten, aber entweder ist es einer vom Typ „psychopathischer Serienkiller schneidet dem Opfer immer wieder irgendein Körperteil ab und schickt dies dann in Briefumschlägen an die Polizei" oder er handelte davon, dass die Stieftochter mit dem Geliebten ihrer Mutter ein Verhältnis hat und nun selbige beseitigen muss, um völlig hemmungslos ihre Lüste ausleben zu können (was dann auch in allen Einzelheiten dem werten Zuschauer präsentiert wird) oder die Protagonisten gehen einfach so widerlich niederträchtig miteinander um, dass ich es beim besten Willen nicht aushalten kann hinzusehen.*

All diese Beispiele finden im ganz normalen Alltag der heutigen Informationsgesellschaft statt und dabei habe ich die Vielzahl von Talkshows mit ihren haarsträubenden Themen aus den intimsten Bereichen menschlichen Zusammenlebens noch gar nicht erwähnt. Die meisten der im Fernsehen gezeigten Magazine und auch das Internet und sogar die seichten Talkshows nehmen für sich in Anspruch informativ zu sein. Weil nun in unserer Gesellschaft vor allem zählt, dass man gut informiert ist, ergattert derjenige Vorteile, der am schnellsten und besten Bescheid weiß. Kein Wunder also, dass uns von der Gesellschaft weisgemacht wird, dass Informiertheit darüber entscheidet, ob man dazugehört oder nicht.

Aus diesem Grund sammeln sich dann auch unter der Rubrik „Information" die merkwürdigsten Themen und Darreichungsformen. So passiert es, dass in vielen dieser angeblichen Informationsmedien unsere niedersten Instinkte angesprochen werden oder wie ist es sonst zu erklären, dass all die bereits erwähnten Magazinsendungen nach einem ähnlichen Muster konzipiert sind. In der Regel gibt es ein Sex-Thema, ein Skandal-Thema, ein Thema, das unseren Gerechtigkeitssinn anspricht und ein Promi-Porträt. Das Ganze gepfeffert mit einer Portion Voyeurismus und garniert mit etwas Nervenkitzel. In diesen Sendungen findet man immer zumindest eine Person, die unerreichbar positiv ist und das dazugehörige Negativbeispiel, gegen das sich der Zuschauer positiv abheben kann. Dazu kommt, dass in fast allen diesen Sendungen und Themen unsere Emotionen angesprochen werden. Seien wir doch realistisch, es sind nicht die Nachrichten oder Bundestagsdebatten, die die besten Quoten haben.

Uns werden in der Tat Informationen verkauft, die Frage ist nur, welche Qualität diese haben. Aber diese Frage wird kaum jemals gestellt. Wer muss denn unbedingt wissen, ob Hans Willi XY einen Feuer speienden Drachen als Tätowierung auf dem Po hat und es ist auch keine lebensnotwendige Information, dass Fürstin YZ 100.000 Dollar im Jahr für Schmuck ausgibt. Auch der Fund einer Frauenleiche in Pusemuckel ist in erster Linie Sache der dortigen Polizei und der Angehörigen und die Veruntreuungen eines Stadtkämmerers in Süddeutschland regen uns zwar auf und bestätigen uns in unserer Meinung, dass Beamte eben faul und unersättlich sind, aber als Information bringt es uns kein Stück weiter.

Doch es ist leider so, dass man als uninformiert verlacht wird, wenn man sich solche und ähnliche Informationen nicht antut. Ja, man begibt sich mit einer solchen Haltung ins Abseits. Es ist doch seltsam, dass wir trotz dieser Informationsflut immer mehr Dinge wissen, die wir besser nicht wüssten, und immer mehr *nicht* wissen, was wir dringend wissen sollten. Ich habe den Eindruck, dass man durch die ewige Erreichbarkeit und Informiertheit keineswegs Zeit spart und dadurch mehr Ruhe hat, sondern dass man stattdessen immer hektischer und nervöser wird, weil einem die Zeit und die Kraft fehlt, die Informationsflut zu bewältigen.

Ich bin der Meinung, dass wir durch das Überangebot an Anregungen und Informationen nicht etwa kreativer und konstruktiver werden, sondern dass uns die Unmöglichkeit von Muße immer uniformer und träger macht und unsere Phantasie absterben lässt. Wir leben immer noch in der Illusion, dass Informationen etwas relativ Neutrales sind, etwas, das uns weiterhilft und uns in irgendeiner Form dienlich ist. Tatsache ist jedoch, dass in unserer Gesellschaft Informationen eine Ware sind, die so teuer wie möglich an so viele Menschen wie möglich verkauft werden muss. Wenn nun aber dieses wirtschaftliche Interesse vorhanden ist, hat Information ihre Neutralität verloren und der Manipulation des Informationskonsumenten ist Tür und Tor geöffnet.

Information, oder vielmehr das, was als solche verkauft wird, ist oft nur die Umrahmung der Werbung, speziell im Fernsehen. Hier wird das große Geld verdient und hier liegen die eigentlichen Interessen. Deshalb muss die Frage gestellt werden, welche Informationen wir wirklich brauchen, welche von ihnen lebenswichtig sind, durch welche wir unsere Lebensqualität wirklich verbessern. Außerdem möchte ich einmal die kühne These aufstellen, dass ein Großteil der Informationen dieser positiven Art und Qualität den Medienleuten inzwischen völlig fremd ist, aber in einem einzigen Buch zusammengefasst und schon seit einigen tausend Jahren gültig und bewährt sind.

Dazu ein erschreckendes, aber auch fast komisch anmutendes Beispiel:

Der Hannover'sche Landesbischof Horst Hirschler, der ranghöchste Lutheraner in Deutschland, erlebte persönlich, dass trotz zahlreicher religiöser Sendungen im Fernsehen nicht einmal den Fernsehmachern bekannt ist, dass es 10 Gebote gibt. Hirschler erzählt:

„Spätnachmittags wurde ich vom Sender RTL aus Köln angerufen. Eine junge Frauenstimme war am Apparat, Stimmengewirr im Hintergrund.

‚Ist da jemand von der Kirche?‘, fragte sie.

‚Ja‘, sagte ich, ‚Landesbischof Hirschler.‘

‚Was?‘, fragte sie.

‚Ich bin der Bischof‘, sagte ich.

‚Toll‘, meinte sie. ‚Mensch hier‘, rief sie daraufhin in den Hintergrund, ‚ich habe einen richtigen Bischof dran. Ja, also wir sind hier das Team für die Sendung ‚Wie bitte‘ und wir haben eine Frage. Sagen Sie mal, es gibt doch in der katholischen Kirche so Gebote. Kennen Sie die?‘

‚Ja klar‘, sagte ich, ‚das sind dieselben wie in der evangelischen Kirche.‘

‚Ach‘, meinte sie sehr interessiert. ‚Was steht denn da drin? Sind das viele?‘

‚Ja‘, antwortete ich, ‚da steh'n ganz vernünftige Sachen drin. Fünftes Gebot: Du sollst nicht töten. Siebtes: Du sollst nicht stehlen. Sechstes Gebot kann man sich gut merken

wegen Sex: Du sollst nicht ehebrechen. Achtes Gebot: Du sollst keine falschen Nachrichten senden.'

‚Ach‘, sagte sie, ‚ist ja interessant.‘

‚Und‘, fuhr ich fort, ‚es gibt Luthers Erklärungen dazu. Zum fünften Gebot zum Beispiel – du sollst nicht töten – schreibt er, dass wir unserem Nächsten an seinem Leben keinen Schaden noch Leid tun, sondern ihm helfen und ihn fördern sollen in allen Leibesnöten.‘

‚Toll‘, sagte sie, ‚Gebote gleich mit Gebrauchsanweisung. Sagen Sie, können Sie uns das nicht mal durchfaxen?‘

‚Aber natürlich, geben Sie mir Ihre Faxnummer.‘

So kam also Luthers Kleiner Katechismus zu Deutschlands meistgesehenem Fernsehsender RTL."

Helmut Matthies, der Chefredakteur von idea-Spektrum, fragt dazu in einem Interview: „Wie ist diese Unwissenheit trotz Informationsfülle möglich?"

Und wir müssen uns der von ihm weitergegebenen These stellen:

„Nicht mehr das Wort, wie Jahrhunderte zuvor, spielt die entscheidende Rolle, sondern das Bild ... Nicht mehr das erklärende Hintergrundwissen steht im Vordergrund, sondern Nachrichten in 45 Sekunden Länge mit immer neuem Inhalt hintereinander weg."*

Ich möchte hier nicht einer Mentalität des Wegschauens das Wort reden und es ist meines Erachtens sehr wichtig, darüber informiert zu sein, was um einen her passiert, welche Trends und Tendenzen im Augenblick ihre Anhänger finden und sich durchsetzen. Ich finde es beispielsweise wichtig, mir darüber Gedanken zu machen, weshalb sich in unserem Land zunehmend eine rechte Gewalt breit machen kann und man scheinbar gegen die Vernetzung und Kom-

---

* Aus: Christliche Hoffnung, Weltoffenheit, Gemeinsames Leben, Gießen, 1998, S.283, zitiert in: OJC Anstiftungen zum Christsein, Nr. 178 Januar-Februar 1/99, S. 36.

munikation rechter gewalttätiger Gruppen ziemlich macht-
los ist, weil diese über das Internet und international statt-
findet. Was da auf bestimmten Homepages zu sehen und
auch zunehmend zu hören ist, ist einfach grausig und wirklich erschreckend.

Außerdem möchte ich natürlich auch wissen, was Regie-
rung und Opposition treiben. Und ich finde es interessant,
Neues über andere Länder und Kulturen zu erfahren und
einem guten Spielfilm oder einer Unterhaltungsshow gegenüber bin ich keineswegs abgeneigt. Wichtig ist meines
Erachtens jedoch, dass man sich beim Umgang mit jeder
Art von Medien bewusst macht, dass es denjenigen, die
die Sendungen produzieren, nicht darum geht, aus den
Zuschauern bessere Menschen zu machen. In den allersel-
tensten Fällen wollen sie diese Welt besser machen, sondern
es geht um handfeste wirtschaftliche Interessen. Wir alle
sind Konsumenten in diesem Gefüge, die dazu gebracht
werden sollen, etwas zu kaufen. Wenn man sich diesen
Sachverhalt jedes Mal bewusst macht, bevor man sich vor
den Computer, das Radio oder den Fernseher setzt, dann ist
das bereits ein Filter.

Ein Leben ohne Fernseher und Computer

Es gibt hartgesottene Zeitgenossen, die es wagen, ohne
Fernseher und Computer zu leben. Viele von ihnen berichten glaubhaft, dass dadurch ihr Leben wieder ein lebbares
Tempo bekommen hat, dass die Kinder ausgeglichener sind
und sie nachts wieder besser schlafen. Ich persönlich erlebe
es ebenso und ich mache die Erfahrung, dass ich, je weniger
ich von diesen Pseudoinformationen aufnehme, entsprechend weniger Interesse an ihnen habe. Ich erlebe, dass ich
und auch meine Familie keine Entzugserscheinungen haben,
wenn wir mal wieder eine fernseh- oder computerfreie Zeit
einlegen, sondern dass sich eher so etwas wie Erleichterung

und Entspannung bei uns breit macht. Manchmal wird noch nicht mal genörgelt.

Ich empfinde sehr stark, dass die Medien, egal ob es sich um die elektronischen oder die Printmedien handelt, viel stärker für Verwirrung sorgen als für ihr erklärtes Ziel, die Menschen zu informieren. Mein Eindruck ist, dass je größer die Räume werden, die wir Menschen uns durch die diversen Kommunikationsmittel nach außen hin erschließen, z. B. über SMS, E-Mails, das Internet etc., desto weniger Raum bleibt in uns selbst. Wir werden so sehr mit Informationen überschwemmt, dass dadurch kein Raum mehr zum Verarbeiten derselben bleibt.

Außerdem habe ich in letzter Zeit beobachtet, dass die Menschen immer weniger miteinander reden und Dinge voneinander erfahren, je mehr sie über Handy und Computer miteinander kommunizieren. Vieles bleibt heutzutage an der Oberfläche, denn man begegnet seinem Gesprächspartner immer weniger als direktes Gegenüber, sondern man kommuniziert hauptsächlich mit elektronischen Hilfsmitteln, die jegliche Authentizität verhindern. Ich war ziemlich erstaunt, als ich kürzlich in einem ICE unterwegs war und in meinem Großraumwagen den Eindruck hatte, dass dort viele Menschen miteinander redeten, weil ein ständiges Gemurmel herrschte. Bei näherem Hinsehen stellte ich jedoch fest, dass von denen, die sprachen, weit über die Hälfte in ein Handy redeten. Auch ist es inzwischen fast normal, dass etliche Menschen beim Warten an der Supermarktkasse die Zeit *nutzen*, um zu telefonieren. Und ich weiß von einer Schule, in der ein Vater eines Schülers bei der Sekretärin anrief, um sie aufzufordern, doch bitte seinen Sohn in der achten Klasse aufzusuchen und ihm zu sagen, er möge doch bitte sein Handy einschalten.

Es ist oft so viel einfacher mit einem Gegenüber zu kommunizieren, das man nicht sieht. Wenn Menschen sich in so genannten Chat-Rooms im Internet begegnen, können sie sich eine Identität ausdenken. Dort können Sie endlich die

Person ihrer Träume sein, denn sie müssen diese Persönlichkeit nicht durch das eigene Leben und ihr Verhalten belegen.

Das alles ist sehr verführerisch für Menschen – ganz besonders für Jugendliche –, die noch auf der Suche nach sich selbst sind, die gern anders wären als sie sind, die sich oft ohnmächtig und minderwertig fühlen. Und genau für diese Gruppe von Menschen sind diese neuen Möglichkeiten eben auch besonders gefährlich, weil sie ihnen Fluchtmöglichkeiten bieten und eine Auseinandersetzung mit den eigenen Problemen und der eigenen Person herauszögern oder sogar ganz verdrängen. Warum denn auch den Schmerz aushalten, der entsteht, wenn man mit dem eigenen schlechten Selbstbild konfrontiert wird, wenn man doch anderen ebenso gut ein wunderbar retuschiertes Bild seiner Person bieten kann, ohne dass sie die Diskrepanz zum wirklichen Selbst überhaupt feststellen können.

Der schwedische Autor Magnus Malm schreibt dazu: „Der Zwang, ständig auf dem Laufenden zu sein ist ein Fluch, der keine tieferen Einsichten und absolut keine Tatkraft bringt, sondern die Seele zu einem Flimmerspiegel sich jagender Neuigkeiten macht. In einer Demokratie ist das Recht auf Informationsabstinenz genauso wichtig wie das Recht auf Information."*

Es gibt im Grunde nur eine Möglichkeit, sich gegen ein Überangebot an Medien und Informationen abzugrenzen, nämlich indem man den Konsum verweigert. Es ist wirklich von entscheidender Bedeutung, den Begriff der Information und Informiertheit kritisch zu betrachten und den Mut zu haben, den Konsum der Ware Information genauso zu verweigern wie den Konsum irgendwelcher anderer Konsumgüter. Stattdessen sollte man sich lieber auf die Informationen stürzen, die die Lebensqualität wirklich verbessern.

---

* Magnus Malm: Gott braucht keine Helden, Wuppertal 1997, S. 116.

Ich persönlich finde viele solcher Informationen in der Bibel, speziell im Neuen Testament. Ich erfahre da, dass es jemanden gibt, der mich rückhalt- und bedingungslos liebt, vor dem ich mich nicht zu verstellen brauche und der auch die Bereiche, die ich an mir selbst so gar nicht leiden kann, ansieht und mich deshalb nicht ablehnt. Ich erfahre dort, dass ich immer eine Chance auf ein erfülltes Leben habe, sogar ohne Handy, Computer und Internet. In diesem Buch lese ich, dass ich so sein darf, wie ich bin und trotzdem geliebt werde. Für mich persönlich waren und sind das lebensrettende Informationen, Informationen, die in den vergangenen Jahren meine Lebensqualität mehr gesteigert haben als irgendetwas sonst. Es sind wirklich *Gute Nachrichten*, die ich dort finde, Nachrichten und Informationen, mit Hilfe derer ich mich immer besser selbst erkenne und mir auch zunehmend freundlicher begegnen kann. Die Informationen, die ich dort finde, helfen mir, meine Grenzen zu erkennen und zu setzen, weil sich mein Profil als Kind Gottes immer klarer herauskristallisiert.

Werbung

Ich stamme aus einem gutbürgerlichen Elternhaus und hatte nie unter Entbehrungen materieller Art zu leiden. Ich habe eine qualifizierte Ausbildung erhalten, ein Neigungsstudium absolvieren können und es darin zu einem ganz guten Abschluss gebracht. Anschließend habe ich meinen Traumberuf als Lektorin ausgeübt und den Mann meines Lebens gefunden, mit dem ich jetzt schon seit über 15 Jahren glücklich verheiratet bin. Wir haben fünf gesunde Kinder, die wir uns alle gewünscht haben und die uns viel Freude machen. Neben meiner Tätigkeit als Hausfrau und Mutter kann ich weiterhin meinem Beruf nachgehen, weil mein Mann als Lehrer recht viel zu Hause ist und wir uns die Zeit relativ frei einteilen können.

Wir haben ein Haus in einem Dorf mit einer intakten Nachbarschaft, wir haben Freunde und viele Kontakte, wir sind gesund und leiden keinen Mangel ... Aber: Nach Aussage der Zeitschriften *Brigitte*, *Für Sie*, *Freundin* und *Bild der Frau* wiege ich mindestens zehn Kilo zu viel! Und das kann einem wirklich alles verleiden!

Jedes Mal wenn ich in den Spiegel schaue und mir dabei die Hüfthosen-, Etuikleider- und figurbetonte Ringelpullimode vorstelle, könnte ich depressiv werden. Bei Schokoladentorte und Schnecken in Kräuterbutter läuft mir das Wasser im Munde zusammen, aber die unmittelbar folgenden Schuldgefühle wegen der zehn Kilo – der mindestens zehn Kilo, um genau zu sein – lassen dieses Wasser auf der Stelle wieder versiegen. Ständig denke ich an Kalorien, Fettzufuhr, Body-Mass-Index und Bewegung und natürlich stelle ich mir vor, wie toll mein Leben sein könnte, wenn ich richtig schlank wäre.

Dabei ist mir nur allzu bewusst, dass ich kein Einzelfall bin. Tausende von Mädchen und Frauen diäten immer wieder in immer kürzeren Abständen und sind mit ihrem Äußeren ewig unzufrieden. Aber wen interessiert es schon, ob ich mich eigentlich in meiner Lebenssituation und mit meinem Gewicht ganz wohl fühle?

Eine Unzahl an Frauen leidet unter Essstörungen, weil *man eben schlank sein muss*, um Erfolg zu haben, den Partner fürs Leben zu finden und sich schick anziehen zu können. So kommt es, dass eine ganze Industrie davon lebt, dass Frauen schlanker werden wollen als sie sind.

Frauen dürfen heute alles sein: zickig, dominant, unterdrückt, mäuschenhaft, neurotisch und essgestört, *aber nicht zu dick*. Wobei sich mir immer heftiger die Frage aufdrängt, wo das bedrohliche *zu dick* anfängt. Und genau bei dieser Frage sind uns natürlich die einschlägigen Frauenmedien eine große Hilfe. Da wird uns Frauen nämlich in Bild und Ton oder auch in beidem vorgeführt, wie *schlank* auszusehen hat. Von Kleinstkindesbeinen an bekommen wir in den Frauenzeitschriften, im Kino, im Fernsehen die Frauen zu sehen, die es geschafft haben, und die sind in der Regel sehr dünn. Kein Wunder also, dass die meisten von uns messerscharf daraus schließen, dass sie selbst auch genauso dünn sein müssen, um es zu etwas zu bringen. In Hochglanz sehen wir Beckenknochen über Laufstege schieben, die uns als neue Vorbilder für die Saison dargestellt werden und gehen davon aus, dass wir auch so aussehen müssen, wenn wir einen Mann abbekommen oder unseren behalten wollen.

Die ganz gewieften unter diesen Magazinen kalkulieren jedoch auch die Leserinnengruppe mit den Größen L und sogar XL ein und veröffentlichen hin und wieder einen Artikel nach dem Motto „Pummelig – na und?". Die L-Frau fühlt sich auf diese Weise wahrgenommen oder sogar verstanden, sodass sie die kalte Dusche im Modeteil gar nicht mehr bemerkt, in dem die Models 1,80 m groß sind und nur noch Haut und Knochen.

Wie kommt es, dass wir Frauen uns die Minderheit der langbeinigen, spindeldürren Mannequins zum Vorbild und Maßstab nehmen, statt uns einfach mal in unserem Umfeld umzusehen und festzustellen, dass die meisten genauso aussehen wie wir? Wieso setzen wir uns selbst dem Schlankheitsterror aus, statt erst einmal herauszufinden, wer wir eigentlich sind, was zu uns passt und was für uns persönlich zweckmäßig und wünschenswert ist? Wieso kann es Begriffe wie „Modediktat" überhaupt geben? Warum darf man Frauen nicht ansehen, wie alt sie sind? Warum sagen Frauen ihr Alter nicht und warum steht es nicht in Klammern hinter dem Namen wie bei den Männern? Warum müssen wir die Folgen des Älterwerdens der Haut verzögern und uns auch noch mit 50 in Fitness-Studios herumtreiben und mit 16-jährigen Mädels konkurrieren, die alles darum gäben, wie 20 auszusehen? Wer will, dass unsere Frisur immer gut sitzt und der Hefeteig immer gelingt? Was ist schlimm an Speck auf den Hüften und warum ist es eigentlich keine Ehre, wenn man es Frauen ansieht, dass sie viele Kinder bekommen haben? Was ist an 20 so begehrlich, mal abgesehen von der jugendlichen Straffheit und an 50 so unattraktiv? Wie kam es, dass ich nach der Geburt unserer Zwillinge fast depressiv wurde, weil ich glaubte, jetzt möglichst bald wieder so aussehen zu müssen wie vor der Geburt des ersten Kindes?

Wer macht diese Maßstäbe? Wer macht uns damit Angst – vor Einsamkeit, Isolation, dem sozialen Abseits und vor *Partnerlosigkeit*? Und warum lassen wir uns Angst machen? Warum richten wir uns nach diesen Maßstäben, als hinge unsere ewige Glückseligkeit davon ab?

Diejenigen, die uns in diesem Bereich unseres Lebens Angst machen, sind große Firmen, die nur ein Interesse haben, nämlich uns etwas zu verkaufen. Denen ist es egal, mit welchen Methoden sie ihre Umsätze steigern und Marktanteile sichern. Der einfachste Weg ist scheinbar der, sich unsere Ängste und Unsicherheiten zu Nutze zu machen, und das geschieht dann mit Slogans wie: „Ich benutze das Shampoo (Creme, Zahnpasta, Make-up) XY, weil ich es mir wert bin."

Ich empfinde gerade diesen Slogan als Gipfel des Zynismus. Hier wird nämlich die Illusion verkauft, dass man als Frau auch mal an sich denkt und das auch darf. Aber die eigentliche Aussage lautet doch, dass man etwas mit sich machen muss, sich schminken oder sonst wie schöner machen muss, um bei anderen anzukommen. Und eines steht damit fest, nämlich dass man einfach so, wie man ist, nicht annehmbar ist, verbesserungsbedürftig, ja, nicht gut genug.

An dieser Stelle sind wir Frauen wirklich gut zu packen, weil es für uns so besonders wichtig ist, dazuzugehören, anerkannt zu sein und beachtet zu werden. Es erfordert schon ein gehöriges Maß an seelischer Robustheit und Ausgeglichenheit, einen Alltag als Hausfrau und Mutter zu leben, in dem es nicht unbedingt ein Übermaß an Anerkennung und Zuwendung gibt und in dem man dazu noch relativ isoliert ist, ohne dabei Mangelerscheinungen im Bereich des Selbstwertgefühls zu verzeichnen.

Doch auch der Konkurrenzkampf im Job nagt an unserem Selbstwertgefühl. Unser ständiger Begleiter ist die Angst, nicht zu genügen. Wenn dann das Selbstwertgefühl ohnehin nicht so wundervoll entwickelt ist, grenzt es an ein Wunder, wenn man den Versprechen und Verlockungen der Werbung widerstehen kann, die ja immer die schnellste, einfachste und perfekteste Lösung zu bieten scheinen.

Wenn man nicht weiß, wer man ist, als welche Person man gedacht ist, wenn man weder seine Grenzen kennt in

Bezug auf das, was man zu leisten im Stande ist und was man aus seiner Umwelt an sich herankommen lassen will, dann lässt man diese Grenzen von anderen setzen und merkt nicht, wie man dabei manipuliert und verletzt wird. Leider lassen wir unseren Wert viel zu oft von anderen Menschen bestimmen und verbiegen uns dabei oft enorm, damit deren Urteil über uns günstig ausfällt.

All diese Faktoren nutzen die Werbefachleute. Sie präsentieren uns Idealszenarien, nach denen wir uns in unserer Normalität verständlicherweise immer wieder sehnen. Ich wäre auch gern so geduldig wie die Mutter, die entdeckt, dass der Junior nicht nur den völlig verdreckten Hund im blitzblank geputzten Bad badet, sondern ihn auch noch mit ihrem Lieblings T-Shirt abrubbelt. Ich würde eine solche Situation auch gerne mit einem milden, nachsichtigen Lächeln quittieren können. So bin ich aber nicht und gut, dass meine Kinder das auch wissen.

Ich hätte auch gern mal einen Heiligabend wie bei Familie Kaffee-Sommer, an dem alle harmonisch beisammen sitzen, das Tischtuch auch nach dem Nachtisch noch schneeweiß ist, Oma und Opa so verständnisvoll und geduldig sind und sich nicht in alles einmischen, die Kinder mit allen Geschenken zufrieden sind und keine Knitterfalten geschweige denn Flecke in der Samtgarderobe haben und die Hausfrau die Ruhe selbst ist, wobei sie Harmonie und gelassene Heiterkeit verströmt.

Bei Sommers gibt es scheinbar keine Probleme, weil der Tannenbaum mal wieder nicht in den Fuß passt, eins der Kinder das gesamte Geschenkpapier verbraucht hat, es aber bereits 16 Uhr ist und die Frage nach dem Weihnachtsessen immer noch ungeklärt.

Ich würde mich auch gern mal so gegen Abend schick machen, bevor mein Mann von der Arbeit kommt und ihn dann bei Kerzenschein mit einer Tasse Tee oder einem Drink verwöhnen. Aber um die Zeit sind bei uns noch alle fünf Kinder auf und gerade um diese Zeit wollen sie alle zwei

Minuten etwas anderes von mir. Außerdem bekommen sie in der Regel dann auch schon langsam Hunger.

Ach ja, ich hätte es auch manchmal gern so wie in den Werbespots und das wissen die Werber genau. Sie kennen sich in meinem Haus und meiner Familie sehr gut aus und in vielen anderen auch. Deshalb sind sie so freundlich, mir zu zeigen, wie ich das Ideal erreichen kann. Dazu brauche ich meistens nur ein bestimmtes Produkt – dann klappt's auch mit der perfekten Familie.

Was ist zu tun?

Bleibt die Frage: Was kann ich tun, um nicht so unter Druck zu stehen, um nicht mein Leben an solch unrealistischen Szenarien zu messen und meinen Wert nicht nach dem Maßstab der Werbestrategen?

Der erste Schritt ist die Bewusstmachung. Man kann sich gar nicht oft genug sagen, dass die Werbestrategien nur etwas von einem wollen, nämlich etwas verkaufen. Wobei es nur insofern um uns Menschen als Person geht, als man für sie ein potenzieller Käufer ist.

Und es ist in diesem Zusammenhang immens wichtig, dass man sich auf den Weg macht, um herauszufinden wer man ist, was wirklich zu einem passt, welche Ziele man in seinem Leben eigentlich hat und welche Stärken und Schwächen. Es ist ungeheuer hilfreich, in regelmäßigen Abständen eine Bestandsaufnahme zu machen und zu überprüfen welche von den eigenen Zielen man bisher erreicht hat. Gleichzeitig ist es gut, sich neue Ziele zu stecken und auch einfach mal nett zu sich selbst zu sein. Es ist wichtig, sich nicht zu sehr auf bestimmte Eigenschaften, negative wie positive, festzulegen, sondern sich selbst immer mal wieder damit zu überraschen, dass man auch ganz anders sein kann.

Ich habe irgendwann aus purer Wut über die Verlogenheit und den Zynismus der Werbung angefangen Nein zu sagen. Ich sage mittlerweile Nein dazu, mich mit Teenys im schicken Miniaturdress im Fitness-Studio zu tummeln, aber ich nehme mir jeden Tag ganz bewusst eine Stunde für mich ganz allein – weil ich es mir wert bin –, mal zum Plaudern mit einer Freundin, mal zum Lesen, mal für eine Stunde im Café und ganz oft auch zum Ausdauersport, im labberigen Jogginganzug, ganz für mich alleine. An meinem vierzigsten Geburtstag habe ich mir fest versprochen, nie mehr eine Diät zu machen, es sei denn aus irgendwelchen medizinischen Gründen. An dieses Versprechen habe ich mich bisher gehalten und langsam, ganz langsam, fange ich an, mich in meiner Haut und auch in meinem häuslichen Umfeld wieder wohler zu fühlen. Ich weiß, ich darf ich sein, einfach so, ohne was zu leisten. Ich bin, so wie ich bin, in Ordnung. Auf diese Weise werde ich immer ein bisschen unempfindlicher gegen die Versprechungen und Drohungen der Werbung.

Mir wird immer ein bisschen klarer, dass meine tiefe innere Sehnsucht nach diesem „In-mir-Ruhen", nach innerem Frieden, nicht dadurch gestillt wird, dass ich jünger aussehe, schlanker bin, besonders gut koche, mein Lippenstift kussfest ist oder ich sonst wie Eindruck mache. Schon manche Frau hat nach einer erfolgreichen Diät die Erfahrung gemacht, dass sie zwar dünner war und weniger wog, aber immer noch die alten Probleme mit sich herumschleppte. Es ist eine Illusion, zu glauben, dass wir innerlich zufriedener werden, wenn wir nur Äußerlichkeiten verändern. Keine Frage, dass man sich besser fühlt, wenn man schlanker ist. Man fühlt sich selbstbewusster und ist nicht mehr so leicht angreifbar. Aber es bleibt doch die Frage, ob das die Kriterien sind, die einen auch innerlich zufriedener machen. Anerkennung zu bekommen, erleichtert das Leben manchmal sehr, nimmt von einem den Druck und päppelt das Selbstwertgefühl auf. Aber die Frage ist doch: Was passiert, wenn die Anerkennung mal ausbleibt?

So lange man die Stärke seines Selbstwertgefühls von der Anerkennung von außen abhängig macht, steht man ständig unter Leistungsdruck und ist daher eine wunderbare Zielscheibe für Werbestrategen. Indem man sich aber durch andere Wertmaßstäbe diesem Leistungsdruck entzieht, entzieht man der Werbung den Boden, auf dem sie arbeiten kann. Gut abgegrenzte Menschen, die wissen, wer sie sind, sind deshalb weit unempfindlicher gegen Werbung.

Und das Beste daran ist, je besser man sich nach außen hin abgrenzt und man selbst sein kann, desto mehr Wertschätzung und Anerkennung erfährt man von außen. Ich selbst mache die Erfahrung, dass den Menschen in meiner unmittelbaren Umgebung viel mehr daran liegt, dass ich echt, nahbar und beziehungsfähig bin, als daran, dass man bei mir vom Fußboden essen kann und mein Deo 24 Stunden lang wirkt.

Ich persönlich entlarve die Werbespots immer mehr als krasse Lügen, auch wenn ich nicht leugnen kann, dass manche Spots mir riesigen Spaß machen, weil sie witzig und originell sind. Und ich glaube, dass diejenigen, die solche Spots machen, meist selbst nicht die Klischees erfüllen, die von der Werbung als das Nonplusultra dargestellt werden.

Klatsch und Tratsch

Ich kenne eine Frau, die Folgendes erlebt hat: Sie lebt in einem kleinen Ort und arbeitet dort bei einer Bank. Sie ist verheiratet, hat zwei Kinder und ist wegen ihrer freundlichen und hilfsbereiten Art sehr beliebt. Weil viele Leute aus diesem Ort Kunden der Bank sind, ist sie natürlich auch bei vielen bekannt. Sie lebt mit ihrer Familie in einem hübschen kleinen Haus, das blau gestrichene Fensterrahmen hat, was dem Ganzen eine persönliche und heimelige Note gibt.

Eines Tages wird die Frau von einer Bekannten beiseite genommen und erfährt Folgendes: „Wusstest du eigentlich, dass es ziemlich viele Leute im Ort gibt, die sagen, dass du mehrfach beim Klauen erwischt worden bist. Ich habe gehört, dass du als Kleptomanin giltst, aber immerhin auch als so vernünftig und einsichtig, dass du eine Therapie machst?"

Meine Bekannte fällt daraufhin aus allen Wolken. Sie ist empört, irritiert, verletzt und ängstlich, aber das alles andere überlagernde Gefühl heißt Ohnmacht. Sie möchte die Sache richtig stellen, glaubt aber – wahrscheinlich nicht einmal zu Unrecht –, dass das wie ein Schuldeingeständnis wirken und alles nur noch schlimmer machen könnte.

Sie erkundigt sich noch einmal, wie das Gerücht genau lautet, und ihre Bekannte wiederholt noch einmal: „Es heißt, dass eine Frau mit zwei Kindern, die bei der Bank arbeitet und in einem Haus mit blauen Fensterrahmen wohnt, mehrfach beim Ladendiebstahl erwischt worden sei. Sie mache aber inzwischen eine Therapie."

Alle äußeren Merkmale treffen auf sie zu, nur die Sache mit den Diebstählen und der Therapie nicht.

Aber halt: Es gibt noch ein Haus mit blauen Fenstern im Ort. Die Familie, von der es bewohnt wird, hat ebenfalls zwei Kinder und die Frau arbeitet ebenfalls bei einer Bank, allerdings nicht im Ort, sondern in der nahe gelegenen Kleinstadt.

Es stellt sich schließlich heraus, dass an dem Gerücht wirklich etwas dran ist, dass es allerdings die falsche Person „erwischt" hatte.

Glücklicherweise weiß meine Bekannte ganz gut, wer sie ist. Sie braucht sich nicht vehement zu verteidigen, aber so manch merkwürdig verstohlener Blick und das plötzliche Interesse bestimmter Leute an ihrer Person, die sonst nichts mit ihr zu tun hatten, sind doch befremdlich für sie. Deshalb ging auch die ganze Geschichte keineswegs spurlos an ihr vorüber.

Diese *Geschichte* ist wirklich passiert, auch wenn ich einige Einzelheiten ein bisschen verändert habe. Sie gehört noch zu den eher *harmlosen* Geschichten unter der Rubrik *Rufmord*. Doch es gibt eine ganze Industrie, die davon lebt, Gerüchte über Prominente oder auch nicht so prominente Personen in Erfahrung zu bringen, zu veröffentlichen und sie so in bare Münze zu verwandeln. Das tragische Ende der englischen Prinzessin Lady Diana ist ein Beispiel dafür, wie gnadenlos die Hatz nach solchen Gerüchten ist.

Es scheint einen großen Markt zu geben für die Regenbogenpresse, deren Veröffentlichungen wir alle natürlich höchstens einmal beim Zahnarzt oder Frisör durchblättern, denn sonst gäbe es sie nicht. Aus diesem Grund gibt es die Gerüchtemacher ebenso wie die Gerüchteopfer und auch hier lassen sich verblüffende Gesetzmäßigkeiten feststellen.

Über manche Menschen werden ständig Gerüchte in die Welt gesetzt, andere hingegen sind davon selten oder nie betroffen. Das hängt sicher auch zum Teil mit dem Bekanntheitsgrad der betreffenden Personen zusammen, aber Opfer sind in der Regel die Claudias und nicht die Petras dieser Welt (siehe Einleitung S. 22). Und bedauerlicherweise, und oberflächlich betrachtet auch verständlicherweise, sind genau sie es, die kräftig bei der Verbreitung von Gerüchten und Klatsch mitwirken. Was aber macht einen Menschen eigentlich zu einem Klatsch-Opfer, aber auch zu einem Klatsch-Verbreiter?

Es sind seine schwach ausgebildeten oder gar nicht ausgeprägten Grenzen, die, wie wir bereits an anderer Stelle festgestellt haben, meist mit einem schlechten Selbstwertgefühl einhergehen. Wenn bei jemandem das Selbstwertgefühl nicht übermäßig stark ausgeprägt ist, besteht bei ihm oft der Wunsch, beachtet zu werden und zu beweisen, dass er eben doch was wert ist. Er sucht nach Situationen und Gelegenheiten, in denen er sich exponieren und einer Öffentlichkeit zeigen kann, auch wenn sie gar nicht so riesig ist. Das kann der Klassenclown sein, der Partykönig oder die leicht angeheiterte Dame der Gesellschaft, die plötzlich auf dem Tisch tanzt. Das kann aber auch die Diva sein, die keine Gelegenheit auslässt, in irgendeiner Form in der Öffentlichkeit für Aufmerksamkeit zu sorgen, notfalls auch mit Skandalen. Wenn nun einerseits dieses Bedürfnis besteht, sich zu exponieren, gleichzeitig aber auch das geringe Selbstwertgefühl dazu führt, dass die Person durch das gesteuert wird, was andere über sie denken und sagen, oder auch nur denken und sagen könnten, dann bekommen diese anderen Personen sehr viel Macht in die Hände.

Wenn man aber selbst Negatives oder Gerüchte über andere verbreitet, steht man vermeintlich besser da, denn man bekommt ein Stückchen Kontrolle über andere Menschen und die wiederum erscheinen einem dann nicht mehr ganz so übermächtig und bedrohlich. Ist man ein eher außengesteuerter Mensch, so ist man sehr anfällig dafür, von anderen manipuliert zu werden. Aber man ist ebenso auch dafür anfällig, andere zu manipulieren. Und genau unter diese Rubrik fallen Gerüchte, Klatsch und Tratsch und negatives Gerede.

Doch das Gemeine an alledem ist: Wenn man sich darüber ereifert, dass die Nachbarin beispielsweise dauernd ihre Kinder zur Oma abschiebt und anschließend bummeln geht oder den ganzen Tag im Garten sitzt und liest, dann meint man zwar, ihr damit zu schaden und sich selbst eine Stufe über sie zu stellen, weil man sich selbst so etwas eben verkneift, aber wie gern würde man doch selbst einmal die Kinder zur Oma bringen und ebenfalls in die Stadt gehen oder lesen.

Gerüchte und negatives Reden über andere, das Be- und Verurteilen der Verhaltensweisen anderer sind im Grunde nichts anderes als ein Krieg gegen sich selbst. Das Opfer ist immer man selbst. Denn ist es nicht so, dass vielleicht man selbst ein Problem mit dem Putzen hat, wenn man den Putzfimmel der Nachbarin vor anderen verurteilt? Weiß man nicht im Grunde ganz genau, dass man mehr Bewegung braucht, man aber einfach zu träge ist, sich in Gang zu setzen, wenn man sich darüber aufregt, wie viel Zeit XY mit Joggen oder im Fitness-Center verbringt? Oder wenn man darüber wettert, wie Frau Sowieso beim Geburtstag der Nachbarin wieder zugelangt hat – kann es dann nicht sein, dass man sich im Grunde selbst für gierig hält und diese Eigenschaft bei sich selbst nicht aushalten kann?

Ich habe festgestellt, dass immer, wenn ich negative Dinge weitergebe, auch bei mir selbst etwas nicht stimmt. Schon manches Mal habe ich darüber gestaunt, was für Minderwertigkeitsgefühle und Selbstablehnung ich dabei ganz tief in meinem Innern entdeckt habe. Je mehr ich auch in meinem Alltag auf diesen Zusammenhang achte, desto mehr vergeht mir das negative Reden über andere, denn im Grunde rede ich immer nur über mich selbst, wenn ich über andere herziehe.

Gerüchte und negatives Reden über andere haben immer auch etwas mit Vergleichen zu tun. Man möchte am Ende besser dastehen als die anderen, aber eigentlich ist man selbst doch immer nur das Opfer. Denn man bleibt mit seinen unerfüllten Wünschen und Sehnsüchten allein und dazu noch mit einem harten Urteil über sich selbst und die anderen. Man bekommt auf diesem Weg auch nicht das, was man sich wünscht, nämlich Achtung, Wertschätzung und Aufmerksamkeit. Stattdessen hinterlässt man Opfer, egal, ob es sich *nur* um Klatsch und Tratsch handelt oder um handfesten Rufmord.

Ich bin fest davon überzeugt, dass fast alle Leute, die Gerüchte verbreiten oder negativ über andere reden und über sie herziehen, *wissen,* dass sie sich nicht richtig verhalten. Daran wird noch einmal deutlich, wie wichtig Aspekte wie Anerkennung, Wertschätzung und Aufmerksamkeit für jeden Menschen sind. Wenn sie einem von niemandem freiwillig gegeben werden, nimmt man sie sich eben. Es ist wie bei Kindern: Übersehen wir sie ständig und schenken ihnen keine Aufmerksamkeit, holen sie sich beides oft auf negative Weise, indem sie uns ärgern, ständig stören oder anfangen zu stehlen.

Was kann man nun gegen Klatsch und Tratsch tun, und zwar sowohl in der Opferrolle als auch in der Täterposition? Was das eigene Verhalten angeht, gibt es im Grunde nur eins: Man muss Grenzen setzen, indem man sich weigert, sich an Klatsch, Tratsch und negativem Reden zu beteiligen. Mir persönlich ist es dabei eine Hilfe, mir immer wieder vor Augen zu halten, dass ich gegen mich selbst Krieg führe, wenn ich mich daran beteilige, und das will ich einfach nicht.

Es ist wichtig, zu jeder Form von Klatsch und Tratsch Nein zu sagen. Was zu einem Großteil zunächst einmal

Übungssache ist. Denn manchmal gelingt es einem nicht und man merkt, wie man auf einmal wieder in das alte Verhaltensmuster zurückgefallen ist. Dann ist es vielleicht sinnvoll zu fragen: Wo empfinde ich gerade einen Mangel? Was möchte ich? Oder welche Eigenschaft an mir selbst spiegeln sich in der Person, über die ich gerade schlecht rede oder die ich im Augenblick verurteile? Mir hat das oft schon weitergeholfen.

Es gibt leider nicht wenige Beziehungen, von denen im Grunde nicht mehr viel übrigbleibt, wenn man Klatsch und Tratsch einmal streicht. Kennen Sie das? Sie fragen sich, worüber Sie mit Ihrer Bekannten XY eigentlich so reden und müssen sich der peinlichen Frage stellen, was für Themen übrig bleiben würden, wenn andere Menschen kein Thema mehr wären. Wenn dann die Antwort auf diese Frage beschämend ist, sollten Sie versuchen, andere gemeinsame Themen zu finden oder sogar einmal überlegen, ob Ihnen diese Bekanntschaft überhaupt zuträglich ist.

Wer selbst nicht mittratscht, dem werden in der Regel auch keine Gerüchte mehr zugetragen. So einfach lässt sich das Problem oft lösen. Die Frage ist nur, ob man wirklich aufhören möchte, denn manchmal empfindet man ja auch ein Gefühl von Macht und Überlegenheit, wenn man etwas über jemanden weiß, was andere nicht wissen.

Will man das Problem aber auf einer tieferen Ebene lösen, dann kann man nur versuchen, etwas am eigenen Selbstwertgefühl zu verändern. Wenn man sich selbst annehmen kann, so wie man ist, als Frau mit Hüftpolstern oder zu kleinem Busen, als Hausfrau, bei der man vom Fußboden essen kann, weil man dort immer etwas findet, als Mutter, die nicht immer unendlich geduldig ist und stundenlang mit den Kleinen Kaufmannsladen spielt, als Ehefrau, die hin und wieder nörgelig ist und als Angestellte, der Fehler unterlaufen und die nicht jeden Tag mit Lust und Wonne am Arbeitsplatz präsent ist, dann muss man sich nicht auf Kosten anderer aufwerten und kann ihre Schwächen – genau wie die eigenen – als etwas zutiefst Menschliches betrachten. Dann kann man sein Gegenüber so stehen lassen, wie es ist und das tut sowohl ihm als auch einem selbst gut.

Diese Änderung der Einstellung ist nicht von heute auf morgen möglich, aber es gibt viele kleine Schritte in diese Richtung. Man kann sich zum Beispiel bestimmte Dinge immer wieder sagen:

- Ich muss nicht perfekt sein.
- Ich darf mich für mich selbst interessieren.
- Ich darf mich um mich selbst kümmern, mir selbst wichtig sein.
- Ich darf Wünsche haben.
- Ich darf Grenzen haben.
- Ich darf so sein, wie ich bin.

Das ist allerdings erheblich einfacher, wenn man jemanden im Rücken hat, der einen liebt, und zwar ohne Bedingungen zu stellen. In der Begegnung mit jemandem, der einen liebt, findet man wieder zu sich selbst und entdeckt, wer und wie man wirklich ist.

Ich persönlich habe die Erfahrung gemacht, dass es nur einen gibt, der diese Kriterien erfüllt, und das ist Jesus Christus. Sobald jedoch von einem Menschen erwartet wird, dass er einem Wert verleiht, wird man ihn heillos überfordern und seine eigene Enttäuschung vorprogrammieren. Der andere wird sich entweder von einem abwenden oder einem zähneknirschend geben, was man von ihm möchte. Das wird jedoch weder ihm noch einem selbst gut tun, denn man verlangt da etwas, das er einem nicht geben kann. Ich werde später noch näher darauf eingehen, wie man mit Jesus in Verbindung treten kann und warum er etwas mit unserem Selbstwertgefühl zu tun hat.

Je besser man sich selbst kennen lernt und durch ein liebendes Gegenüber auch seine Schwächen und Fehler erkennt, desto weniger wird man das Bedürfnis haben, über andere herzuziehen und sie klein zu machen. Wenn andere dann merken, dass man nicht auf sie herunterschaut, dass man sich nicht vergleicht und ständig versucht, bei ihnen das Haar in der Suppe zu finden, sondern weiß, dass man unvollkommen ist und ihnen dasselbe zugesteht, dann reagieren sie darauf positiv, öffnen sich und suchen Kontakt. Und sie werden sich nicht auf unsere schwachen Seiten stürzen.

Ich selbst versuche Klatsch und Tratsch aus dem Weg zu gehen. Sei es bei Begegnungen mit anderen Menschen oder in den Medien. Es gelingt mir nicht immer der Versuchung zu widerstehen, mich selbst auf Kosten anderer ein bisschen „aufzupeppen". Aber je bewusster mir wird, wie viel Gift das Vergleichen und Be- und Verurteilen in mein Leben leitet und wie sehr letztlich nicht nur andere, sondern auch ich selbst darunter zu leiden habe, desto leichter fällt es mir, mich davon fern zu halten oder mich zu bremsen und nicht mitzumachen. Die Bibel spricht an mehreren Stellen davon, wie groß die Wirkung dessen ist, was wir reden, und es gibt dort zahlreiche Aufforderungen, sich vor unbedachtem Reden zu hüten (siehe Psalm 34,14; Psalm 64,9; 1. Petrus 3,10; Jakobus 1,26 und Jakobus 3,8). Denn ist etwas einmal gesagt, kann es nicht mehr ungesagt gemacht werden. Es lässt sich nicht zurückholen. Was man sagt, hat zum einen eine negative Macht, die man in der Verbreitung von Klatsch und Tratsch nutzen kann, zum anderen aber kann man sein Reden dazu einsetzen, klare Grenzen zu setzen, und stattdessen lieber mit seinen Worten dazu beitragen, das andere Menschen aufgebaut werden.

Zeitgeist

Wir schreiben das Jahr 2000. Es ist kurz vor den Sommerferien. An einer Schule findet die Abschlussfeier der Abiturienten mit feierlicher Übergabe der Reifezeugnisse statt. Unter den knapp 40 Abiturienten ist eine Rollstuhlfahrerin. Der Schulleiter hat seine Rede beendet, es hat Musik gegeben und es sind Geschenke an die Lehrer verteilt worden.

Schüler A wird nach vorne gebeten, um sein Zeugnis in Empfang zu nehmen. Er wird beglückwünscht, nimmt das Zeugnis entgegen und geht ein paar Stufen hinauf, um sich auf der Bühne aufzustellen. Abiturientin B verfährt genauso. Als Vierte oder Fünfte ist die Abiturientin im Rollstuhl an der Reihe. Sie fährt nach vorn, nimmt Glückwünsche entgegen und bleibt unten vor der Bühne stehen. Die Schülerin nach ihr verfährt wieder wie der erste Schüler und stellt sich nach der Zeugnisüberreichung auf die Bühne. Es haben bereits weit über 20 Schüler ihr Zeugnis bekommen, als eine Schülerin sich nach dem Empfang der Glückwünsche und des Zeugnisses neben die junge Frau im Rollstuhl stellt, statt zu den anderen auf die Bühne zu gehen. Die restlichen Schüler tun es ihr anschließend nach.

Der Zeitgeist sagt in diesem Fall: Dafür kann ich doch nichts, dass die andere im Rollstuhl sitzt. Ich habe es mir verdient, gesehen zu werden, und nur wer gesehen wird, bringt es zu etwas.

Die junge Frau, die auf ihren berechtigten *Anspruch* auf den Bühnenplatz verzichtete, um sich neben ihre Mitschülerin zu stellen, hat sich gegen den Zeitgeist gewandt. Sie hat bewusst und überlegt gehandelt und hat Mitmenschlichkeit und Partnerschaftlichkeit über herrschende, gängige Verhaltensmuster gestellt. Die ersten Abiturienten haben mit sehr großer Wahrscheinlichkeit gar nicht bewusst gehandelt. Ich glaube nicht, dass sie die Mitschülerin im Rollstuhl bewusst verletzen oder diskriminieren wollten. Sie haben einfach getan, was der Zeitgeist fordert, nämlich an sich selbst gedacht und nicht um den Preis möglicher Nachteile auf einen guten Platz verzichtet.

Das Beispiel zeigt ein wenig, was Zeitgeist ist. Es ist das, was *man* denkt und tut. Vom Zeitgeist wird zum großen Teil bestimmt, was *in* und was *out* ist und somit auch in gewisser Hinsicht, wer dazugehört und wer Außenseiter bleibt. Der Zeitgeist hat auf diese Weise eine gewisse Macht über den Status und die Lebenssituation von Menschen.

In diesen Tagen zeichnet sich der Zeitgeist meiner Beobachtung nach durch verschiedene Grundhaltungen aus. Der auffälligste Faktor und wohl auch der mit den weitreichendsten Folgen ist die Stellung des Einzelnen. Das Ego steht dabei an erster Stelle – der Egoismus ist salonfähig geworden. Am wichtigsten ist dem Einzelnen die eigene Person und deren Wohlergehen. Erschreckend dabei ist, dass dieses Kreisen ums eigene Wohlergehen kaum noch als Egoismus wahrgenommen wird, beziehungsweise dass es gar als positiv bewertet wird, wenn jemand egoistisch ist. Derjenige hat einen *gesunden Egoismus* heißt es dann und das ist auch in Ordnung. „Der wird es noch mal zu etwas bringen", wird meist noch anerkennend hinzugefügt.

Diese Grundhaltung führt dann zu erschreckenden Auswüchsen:

Im Kindergarten bei einem gemeinsamen Frühstück von Eltern und Kindern, bei dem jeder etwas zu essen mitgebracht hat und ein langer Tisch gedeckt ist, wird nicht gewartet, bis alle da sind und man gemeinsam beginnen kann, sondern jeder grabscht nach dem, was er und das Kind braucht, ohne auch nur einen Blick auf diejenigen zu werfen, die nicht unmittelbar zu ihnen gehören. Wenn man dann irgendwann satt ist, wird das eigene Geschirr abgeräumt (wenigstens das) und man geht anschließend unverrichteter Dinge nach Hause – man hat ja jetzt gehabt, was man braucht.

Oder auf einer Klassenfahrt von Abiturienten mit Selbstversorgung stellt sich heraus, dass es 18- bis 19-jährige junge Menschen gibt, die nicht in der Lage sind, einen Tisch zu decken, auf dem das Geschirr und das Essen für die ganze Gruppe steht. Sie holen Teller und Besteck für sich selbst und setzen sich erwartungsvoll an den Tisch.

Der Zeitgeist setzt also das Ego als absolut. Es geht ihm zufolge darum, die Bedürfnisse des Ego zu erkennen und zu erfüllen, und zwar so schnell und so umfassend wie möglich. Hindernisse, seien es andere Menschen oder bestimmte Umstände, müssen dabei beiseite geräumt werden.

Es ist inzwischen fast normal geworden, es als legitim und auch richtig zu beurteilen, wenn ein Kind abgetrieben wird, das nicht in die „Lebensplanung passt". Die Lebensplanung wird dem Zeitgeist zufolge ganz selbstverständlich über das Recht eines Kindes auf Leben gestellt.

Wenn eine Gesellschaft von einer solchen Grundhaltung geprägt ist, dann ist es ausgesprochen schwierig, klare Grenzen zu setzen, denn eine klare Eindeutigkeit behindert die uneingeschränkte Entfaltung des Egos ungemein. Die Folge ist, dass sich der Zeitgeist dieser Tage durch fast nichts anderes so sehr auszeichnet, wie durch verwaschene Grenzen. Man spricht nicht mehr von Gut und Böse und wertet beides entsprechend, indem das Gute als erstrebenswert dargestellt wird und gleichzeitig klargestellt wird, dass gegen das Böse vorgegangen werden muss. Vielmehr geht man davon aus, dass wir beides in uns haben – was letztlich stimmt – und deshalb auch beides zum Zug kommen muss – was nicht stimmt!

Diese inzwischen gängige Haltung findet besonders in den Medien und in der Kunstszene ihren Ausdruck. Es gibt immer mehr Darstellungen von Brutalität und Perversion ganz ohne Wertung oder aber mit der lapidaren Erklärung, dass es wichtig ist, seine Fantasien nicht zu unterdrücken, damit die Individualität nicht verloren geht. Es ist *out* und gegen den Zeitgeist, zu sagen, dass man mit dem Bösen und Bösartigkeit nichts zu tun haben will und sich davon distanziert. Das Böse in uns wird beachtet, aber nicht mehr an seinen Platz verwiesen.

Sich schuldig zu fühlen gilt als psychischer Defekt und nicht als angemessene Reaktion auf ein Fehlverhalten. Es fehlt die Instanz, die genau definiert, was Gut und was Böse, was Wahrheit und was Lüge ist, weil sie durch das als absolut gesetzte Ego ersetzt wurde. Dieses Ego ist unersättlich. Es braucht ständig Spiegel, um sich zu sehen und zu bewundern.

Da ist dann auch kein Raum mehr für feste Werte oder gar Unterordnung oder den Gedanken an eine höhere Macht, die sehr eindeutig Werte setzt und Grenzen klar definiert.

Gleichzeitig ist aber auch erkennbar, dass sehr wohl eine Sehnsucht nach Sicherheit und Orientierung besteht, nach Zugehörigkeit und Geborgenheit. Diese Sehnsucht findet ihren Ausdruck in toll gestalteten Wohnungen, die das *Nest* sind oder die *Burg*, in denen sich das Ego, das sich stets und ständig behaupten muss, ausruhen kann. Der Landhaus-Stil ist nur eine äußerliche Darstellung der inneren Sehnsüchte nach Einfachheit, familiärer Bindung und Geborgenheit. Hier und an vielen anderen Stellen scheint mir deutlich zu werden, wie das, wonach wir uns innerlich sehnen, wozu wir aber durch die herausragende Stellung des Ego keinen Zugang mehr bekommen, in Äußerlichkeiten seinen Ausdruck findet. Man ist, was man hat, scheint der Leitsatz zu sein.

Das Perfide am Zeitgeist besteht nun darin, dass er oft Menschen, die sich nicht nach ihm richten, in die Isolation verbannt. Viele Menschen denken aus lauter Angst nicht dazuzugehören, was alle denken, auch wenn sie dadurch ständig ihre eigenen Grenzen überschreiten. Dies geschieht oft bis zu einem Punkt, an dem sie jegliche Integrität oder oft sogar Würde verlieren.

Gegen den Zeitgeist kann man sich nur durch Verweigerung oder alternative Verhaltensweisen abgrenzen. Am Beispiel der Abiturientin wird nicht zuletzt deutlich, dass oft einfach aus reiner Gewöhnung an diesen Zeitgeist gehandelt wird. Meist ist durchaus die Bereitschaft vorhanden, auch mal anders zu sein oder den anderen in den Blick zu bekommen, es muss nur jemand da sein, der es vormacht und einen ersten Schritt tut. Es ist wichtig, eine Quelle für Werte und Maßstäbe zu haben, sowie eine feste Überzeugung, dass diese Werte und Maßstäbe konstruktiv und lebbar sind und positive Auswirkungen auf mich und andere haben.

Für mich persönlich ist diese Quelle die Bibel und ich habe damit großartige Erfahrungen gemacht. Kaum zu glauben, dass ein so altes Buch auch heute noch der Leitfaden für ein reiches Leben sein kann. Mit Gott im Rücken und in einer persönlichen Beziehung zu ihm kann ich mich trauen auch mal *anders* zu reagieren. Und ich stelle dann hin und wieder sogar fest, dass ich dabei gar nicht allein bin, sondern ich selbst bleibe. Ich bleibe

- eins mit mir selbst, indem ich in Übereinstimmung mit meiner inneren Überzeugung bleibe,
- nicht alleine, weil es viele Menschen gibt, die sich genau danach sehnen.

Ich bin dem Zeitgeist nicht ausgeliefert, sondern habe Raum zum Entdecken und Gestalten auch ganz anderer Denk- und Verhaltensweisen.

„Er liebt mich ja wirklich ..."

Abgrenzungsprozesse sind schwierig und schmerzlich, weil sie Ängste hervorrufen, und zwar vor allem Verlustängste, Angst vor Veränderungen und Angst vor dem Unbekannten also. Fängt man nun an, sich abzugrenzen und auch die Grenzen anderer wahrzunehmen und zu respektieren, steht dabei gleich die Frage im Raum, wie denn wohl die anderen reagieren werden, wenn man nicht mehr alles mit sich machen lässt, sondern klar sagt, was man wirklich meint. Was wird passieren, wenn man Ja sagt, wenn man auch Ja meint, und Nein sagt, wenn man tatsächlich Nein meint? Es ist schwer, Grenzen zu setzen, weil dies unweigerlich zu Widerstand führt. Dieser Widerstand kommt zu einem großen Teil von einem selbst, weil man Denk- und Verhaltensmuster durchbrechen muss, die einem – vermeintlich – Schutz geboten haben.

Ich persönlich habe mich beispielsweise lange hinter einer Maske von Burschikosität, Stärke und einem „Die-weiß-was-sie-will-Image" versteckt. Sicher bestand der Grund dafür darin, dass ich mich auf diese Weise geschützter, weniger verwundbar und stärker gefühlt habe. Dadurch ist jedoch leider für eine sehr lange Zeit meine zarte, empfindsame und feminine Seite verschüttet gewesen. Ja, ich habe sie sogar unbewusst abgelehnt.

Es ist schwierig, solche Situationen zu hinterfragen, denn

der Prozess, der damit in Gang gesetzt wird, tut weh. Schließlich wird man mit sich selbst konfrontiert und muss sich vielleicht von lieb gewonnenen Masken und Schutzmechanismen trennen, um herauszufinden, wer oder was da eigentlich noch ist. Man macht sich auch nicht zuletzt verletzlich, weil man sich auf ein ungewohntes, unbekanntes Terrain begibt.

Aber es gibt auch noch eine zweite Seite, von der man Widerstand erwarten kann, wenn man beginnt Grenzen zu setzen, und das sind die Mitmenschen. Es ist demzufolge dann auch nur natürlich, dass diejenigen am stärksten reagieren, mit denen man am meisten zu tun hat und die einem emotional am nächsten stehen.

Der Widerstand kommt zum Beispiel von Seiten der Familie, die vielleicht schon bald den Eindruck hat, dass der *Service* nicht mehr so super ist, weil jedes Familienmitglied plötzlich seinem Alter entsprechend Pflichten auferlegt bekommt. Man kann aber auch einiges Murren ernten, wenn man seinen Kindern sagt, dass man nicht *nur* ihre Mama ist, die sich pausenlos um alles kümmert, sondern dass man auch einfach man selbst ist, eine Frau, die sich hin und wieder um sich selbst kümmern *muss*, damit sie sich dann wieder um alles um sie herum kümmern *kann*. Und wie unbequem ist es doch, wenn die Mitarbeiterin, die sonst immer bereit war, Überstunden zu machen oder ungeliebte Dienste zu übernehmen, plötzlich freundlich, aber bestimmt sagt, dass sie neben ihrem Beruf auch noch ein Privatleben hat.

Es ist schwer, trotz solcher Widerstände die eigenen Grenzen zu erkennen und festzulegen. Doch dies wird noch weiter erschwert, wenn man keine Ahnung hat, wer man eigentlich ist, was man mit seinem Leben eigentlich anfangen soll und welchen Sinn es hat. Meiner Meinung nach ist es fast völlig unmöglich echte Grenzen zu setzen und auch einzuhalten, wenn man dabei niemanden im Rücken hat, der einen liebt, und zwar unabhängig davon, was man tut. Der einen auch dann noch liebt, wenn man seine Grenzen einmal falsch oder völlig überzogen setzt, was im Laufe dieses Prozesses unweigerlich hin und wieder geschieht.

Sich abzugrenzen setzt die Erkenntnis voraus, dass man sich abgrenzen darf, weil man es wert ist, weil man ein eigenständiger Mensch ist, ein Mensch mit Wert und Würde. Ein Mensch, den es geben darf und geben soll, ein Mensch, den Gott genau so, wie er ist, gewollt hat. Aber wie kommt man zu dieser Erkenntnis? Ich glaube, dass diese Erkenntnis ein Geschenk ist, das wir uns aber auch wünschen können. Weiterhin bin ich davon überzeugt, dass unsere Sehnsucht nach Echtheit, nach einer Antwort auf die Frage, wer man eigentlich ist, Gott zutiefst bewegt.

In der Bibel ist dieses Interesse an vielen Stellen dokumentiert. Dort heißt es beispielsweise: „Wenn ihr mich sucht, werdet ihr mich finden. Ja, wenn ihr mich von ganzem Herzen sucht, will ich mich von euch finden lassen. Das verspreche ich euch" (Jeremia 29,13-14). Oder an anderer Stelle heißt es: „Bittet Gott, und er wird euch geben! Sucht, und ihr werdet finden! Klopft an, dann wird euch die Tür geöffnet. Wer bittet, der wird bekommen. Wer sucht, der findet. Und wer anklopft, dem wird geöffnet" (Matthäus 7,7).

Für mich persönlich war der Weg zu dieser Erkenntnis sehr lang. Er dauerte fast 15 Jahre und er nahm seinen Anfang damit, dass ich an meinem eigenen Leben verzweifelte. Ich war an einen Punkt gekommen, an dem ich nicht mehr leben konnte, denn ich war von diffusen und unerklärlichen Ängsten geplagt. Doch am schlimmsten war die nagende Angst, einfach nicht sein, geschweige denn leben zu können. Meine Ängste und meine innere Isolation hatten dann dazu geführt, dass ich mich von außen steuern ließ und dadurch sehr manipulierbar war. Für ein bisschen von dem, was ich für Liebe hielt und ein wenig Anerkennung habe ich meine Grenzen permanent überschritten und von anderen überschreiten lassen. Das war für mich zermürbend, denn als Menschen sind wir für ein solches Leben nicht geschaffen. Ein Mensch mit Wert und Würde geht einfach kaputt, wenn beides ständig missachtet wird. Aber was tun, wenn man im Zusammenhang mit sich selbst weder Wert noch Würde empfinden kann, wenn man sich ungeliebt und abgelehnt fühlt und der Meinung ist, dass man erst viel leisten muss, bevor andere einen mögen und annehmen können?

Ich wusste es nicht und ich war wirklich ratlos, hoffnungslos und grenzenlos. Irgendwann hat mir dann jemand gesagt, dass ich es doch mal mit Jesus versuchen, ihn in mein Leben hereinlassen und ihn bitten solle, es in Ordnung zu bringen.

Doch zunächst war ich empört, und zwar aus zwei Gründen: Erstens war ich der Meinung, dass das eine zu einfache und billige Lösung sei. Schließlich war ich für mein Lebensfiasko alleine verantwortlich und musste deshalb auch selbst zusehen, wie ich da wieder herauskam.

Und zweitens wusste ich vom Hörensagen, wie Christen so sind – unemanzipiert, langweilig, uniform und gefügig –, auf jeden Fall nicht so, wie ich es mir für mich und mein Leben wünschte. Glücklicherweise war ich verzweifelt genug, um dann doch diesem Vorschlag nachzugehen. Zuerst habe ich ein bisschen in der Bibel gestöbert und nachgeschaut, wer beziehungsweise wie dieser Jesus ist. Dabei habe ich einen Mann entdeckt, der mich angesprochen hat.

Keinen Ja-Sager, sondern jemanden, der sich für Menschen einsetzt, denen es wirklich dreckig geht. Jedoch keinen mit einem Helferkomplex, der die guten Taten letztlich nur tut, um gut dazustehen und so eigene Bedürfnisse zu befriedigen. Vielmehr habe ich damals gelesen, zugegebenermaßen ziemlich erstaunt, dass er Menschen, die ausgeschlossen und isoliert sind, ihre Würde zurückgibt, indem er Aussätzige berührt, mit Frauen von zweifelhaftem Ruf spricht und Kriminelle in ihrer gesellschaftlichen Ächtung und Isolation aufsucht.

Jesus geht zu diesen Menschen hin und sieht sie in ihrer Ganzheit, nicht nur den einen Aspekt ihrer Persönlichkeit oder ihres Lebens, der nach außen hin *problematisch* ist. Dabei nimmt er sie ohne Wenn und Aber an, ohne dabei jedoch einen Zweifel daran zu lassen, dass sie sich falsch verhalten und sich selbst und anderen dadurch großen Schaden zufügen. Er legt seine Finger auf die Lebenswunden der Menschen, ohne dabei ihre Würde anzutasten. Gleichzeitig geht er besonders mit den religiösen Besserwissern hart ins Gericht, die viel wissen, für alles Regeln haben und diese Regeln auch befolgen, die aber innerlich völlig verhärtet sind.

Von sich selbst sagt Jesus: „Ich bin der Weg, die Wahrheit und das Leben, und wer zu mir kommt, den werde ich nicht wegschicken."

Weg, Wahrheit und Leben, das war es, wonach ich auf der Suche war. Ich sehnte mich nach einem inneren Zuhause, einem Frieden, den mir keiner nehmen konnte, und ich sehnte mich unglaublich danach zu erfahren, wer ich eigentlich war.

Genau das habe ich dann irgendwann auch zu Jesus gesagt: „Okay", habe ich gesagt, „wenn es dich wirklich gibt und du so bist, wie es da steht, dann zeige mir, wer ich bin und wer du bist und mach mich heil, damit ich leben kann."

Daraufhin hat er sich sofort an die Arbeit gemacht und ist immer noch damit beschäftigt.

Was hat der persönliche Glaube an Jesus nun aber mit unseren Grenzen zu tun?

Das Erste, was nach meiner Entscheidung, mit Jesus einen neuen Start zu wagen, passierte, war, dass meine tiefe nagende Angst weg war. Weil mich diese Angst, nicht leben zu können, so viel Kraft gekostet hatte, staunte ich nicht schlecht, wie viel Energie ich plötzlich hatte.

Ich erlebte in meinem Leben eigentlich bewusst zum ersten Mal, wie es ist, wenn sich jemand um einen kümmert. Wenn da einer ist, der unabhängig von meinem Verhalten zu mir steht. Meine Beziehung zu Jesus war gekennzeichnet davon, dass ich ihn als den Gebenden sah und ihn um Dinge bat, die ich brauchte. Er gab, ich nahm. Er gab, ich nahm. Er gab, ich nahm.

Weil ich mich von diesem Zeitpunkt an nicht mehr an meinem eigenen Maßstab, sondern an ihm orientieren wollte, erkannte ich mit Hilfe der Bibel ganz deutlich von ihm gesetzte Grenzen über das, was richtig beziehungsweise falsch ist. Grenzen, die für eine Selbstverwirklicherin und Selbstdenkerin wie mich außerordentlich gewöhnungsbedürftig waren. Sie beeinflussten eigentlich meinen gesamten Lebensstil, angefangen bei meiner Art zu denken, über meinen Umgang mit Menschen, mit Geld und mit Zeit bis hin zu meinen moralischen Grundwerten. Meine neuen Grenzen fühlten sich dabei nicht immer toll an, aber ich konnte schon damals ansatzweise erkennen und erlebe es heute sehr stark, dass diese Grenzen mir im Gegenzug Räume bieten, in denen ich mich sicher und angstfrei bewegen kann.

Ich erfuhr langsam, und zwar nicht nur mit dem Kopf, sondern auch mit dem Herzen, dass es mich geben darf, dass ich gewollt und erwünscht bin, dass ich vor Gott ein Mensch mit Wert und Würde bin. Ich habe eine Würde, die ich mir nicht erarbeiten oder verdienen muss. Vielmehr bin ich ein Mensch, der es verdient hat, gut behandelt zu werden und der deshalb auch mit sich selbst gut umgehen soll.

Ich merkte zum Beispiel plötzlich, wie oft ich schlecht über mich selbst redete, wie ich mit mir selbst sehr viel kritischer war als mit anderen und dass ich mir selbst nicht *durchgehen ließ*, was ich bei anderen als selbstverständlich und in Ordnung betrachtete. Und je mehr ich einen Blick für mich und meine Person bekam, desto besser konnte ich auch andere so stehen lassen, wie sie sind. Ich muss nun nicht mehr bestimmte Dinge an ihnen bekritteln, die ich im Grunde an mir selbst nicht leiden kann.

Je klarer ich mich durch diese Wende in meinem Leben selbst in den Blick bekam, desto klarer wurde mir – ganz langsam –, dass Jesus auch etwas von mir will. Was uns verbindet, ist eine Beziehung, die auf Wechselseitigkeit angelegt ist. Je positiver ich mich und meine eigene Existenz sehen konnte, desto liebevoller und neugieriger wurde ich für das, was um mich herum geschah. Im Schutz von Jesu Grenzen, innerhalb derer ich nicht dauernd in Habachtstellung sein und für mich selber sorgen muss, konnte ich plötzlich die anderen um mich herum wahrnehmen. Und mir wurde zum ersten Mal mit dem Herzen wirklich klar, dass da noch andere waren, die ebenso sie selbst sein durften wie ich, die ebenso von Gott geliebt waren. Und es machte mir keine Angst mehr, denn ich wusste, dass bei Gott Platz und Liebe für alle ist.

Ich merkte, dass es beim Grenzensetzen und -erkennen nicht nur ums Neinsagen und um das Respektieren des Neins der anderen geht, sondern es warf zumindest bei mir immer wieder neue Fragen auf:

- Wie bin ich eigentlich konkret gemeint?
- Welche Vorstellung hatte Gott von mir, als er mich geschaffen hat?
- Wozu hat er mich gemacht?

Mir wurde klar, dass, als Gott mich schuf, ihm nichts daran lag, unbedingt die Person zu erschaffen, bei der das Soufflé nicht zusammenfällt, und der Grund für meine Existenz ist auch nicht 90-60-90. Er wollte vielmehr eine Frau, die mit ihm in Beziehung tritt. Eine Person, von der er sich wünscht, dass sie ihn genauso sehr will wie er sie, die von ihm begeistert ist, die in ihm alles sieht und ihm alles zutraut. Er hat sich von Anfang an eine Resonanz gewünscht. Und wie lange hat er es ausgehalten, keine Resonanz zu bekommen.

Von Anfang an wünschte er sich in mir jemanden, an dem er sich freuen kann, und dafür hat er letztlich sogar sein Leben aufs Spiel gesetzt und auch verloren, um diesen Wunsch erfüllt zu bekommen. Als er mich schuf, hat er auch zu meinen Ecken und Kanten Ja gesagt und er hat mich wie alle anderen Geschöpfe dazu gedacht, dass ich dazu beitrage, dass er erhöht, verehrt und angebetet wird. Dabei spielen meine Maße Gott sei Dank keine Rolle. Und wenn ich einmal traurig bin, dass mein Soufflé zusammengefallen ist, dann macht ihm das nur insofern etwas aus, als ich darüber traurig bin.

Ich selbst brauche im Grunde nichts zu leisten, sondern mich nur stets und ständig nach ihm zu sehnen. Das macht ihn glücklich. Dazu hat er mich geschaffen. Und so betrachtet sind meine Grenzen die Linien, die mir meine unverwechselbare Form geben.

Wenn man also weiß, wo man selbst aufhört und der andere beginnt, wenn man also seine eigenen und auch die Grenzen des anderen erkennt und respektiert, dann bejaht man damit die gute Ordnung Gottes, der einen als Unikat geschaffen hat. Dann darf man, ohne sich zu schämen oder Schuldgefühle zu haben, herausfinden, was einem gut tut und was nicht, was einem gefällt und was nicht, was man sich wünscht und was man auf gar keinen Fall will.

Und an dieser Stelle wird ein sehr wesentlicher Aspekt des Grenzensetzens deutlich: Sich selbst abgrenzen und das Erkennen der eigenen Grenzen muss immer eine Zielvorstellung haben, sonst wird es destruktiv. So gesehen führt das Abgrenzen der eigenen Person letztlich zu einer deutlich umrissenen, profilierten Persönlichkeit.

Wenn man sich jedoch aus Angst abgrenzt, dann sind diese Grenzen wie unüberwindliche Mauern, die viel Gutes verhindern und einem den Blick für sich selbst und andere verstellen. Und am Ende kreist man nur noch hilflos um sich selbst wie ein Käfer, der auf dem Rücken liegt.

Wenn aber das Motiv für das Setzen von Grenzen Neugier ist und das Vertrauen darauf, dass Gott einen im Blick hat und am Wohl jedes Menschen interessiert ist, dann hat es etwas Heilsames für einen selbst und die Menschen, mit denen man zu tun hat. Je mehr man auf diese Weise über sich erfährt, desto besser wird der Zugang zu einem selbst. Man lernt sich und damit auch sein Umfeld zu bejahen. Außerdem erkennt man so viel deutlicher, wie viel Positives man in seinem Leben bereits hat und immer wieder geschenkt bekommt und das macht einen letztlich dankbar.

Das wiederum ist Gottes erklärtes Ziel, das bereits in den Psalmen zu lesen ist: „Wer mir dankt, der bringt ein Opfer, das mich ehrt. Es gibt keinen anderen Weg, nur so kann ich ihn erretten" (Psalm 50,23).

Ein weiterer Effekt ist, dass man mit sich selbst pfleglicher und liebevoller umgeht, was unweigerlich dazu führt, dass sich auch der Umgang mit den eigenen Mitmenschen verändert. Nicht umsonst lautet das biblische Gebot: „Liebe deinen Nächsten wie dich selbst."

Nun wieder zurück zu mir: Seitdem ich Jesus kennen gelernt habe, erkenne ich immer neue Seiten an mir, von deren Existenz ich nichts gewusst habe. Manchmal ist das nicht gerade einfach, weil es Seiten sind, die ich nicht mag oder die mir Angst machen. Aber ich weiß, Jesus ist da. Außerdem bin ich einfach viel zu neugierig, als dass ich an dem bisher erreichten Punkt stehen bleiben könnte. Ich möchte wirklich wissen, wie die Frau ist, die Gott sich vorgestellt hat, als er mich schuf.

Und niemals hätte ich gedacht, dass ich einmal Folgendes tun würde: Ich habe ja bereits von meiner verschütteten zarten Seite erzählt, die es mir geradezu undenkbar erscheinen ließ, mich mit Blümchentapeten, Spitzenblusen oder auch nur Pastellfarben zu umgeben. Doch da kam ich eines Tages an einem Geschäft mit Seidenblumen vorbei. Ich schaute ins Fenster und sah ein aus Seidenrosen gebundenes Herz, um das zu allem Überfluss auch noch ein lachsrosa Band geschlungen war. Und ich stand davor und dachte: *Oh wie schön*!

Vor lauter Schreck über diese innere Stimme ging ich erst mal weiter, um nach ein paar Schritten wieder umzukehren, noch mal zu schauen und zu denken: *Das hätte ich gerne*!

Wieder ein Schreck – als ob da jemand Fremdes mit mir redete. *Ich und rosa Blümchenherz – also wirklich ...*

Aber dann war da wieder diese Stimme in mir, die sagte: „Das darfst du haben. Es ist völlig in Ordnung, wenn du es kaufst, denn es passt zu dir."

Ich war kurz davor beleidigt zu reagieren, aber dann bin ich doch in den Laden hineingegangen und habe das Herz gekauft. Und es passt zu mir, denn es zeigt mir, was Gott in den Jahren, in denen ich bewusst mit ihm lebe, an mir getan hat. Es ist ein Zeichen dafür, dass er meine Krusten weggeliebt und meine echte Persönlichkeit zum Vorschein gebracht hat. Ich habe das Herz, von dem ich, nebenbei bemerkt, das lachsfarbene Band abgemacht habe, weil es denn doch etwas zu heftig war, in meinem Zimmer aufgehängt und es ist für mich ein Zeichen der Liebe Gottes zu meiner Person geworden.

Jesus hat auch Nein gesagt

Wenn die Person Jesu in dem oben beschriebenen Prozess für mich von so entscheidender Bedeutung war, in dem Prozess, in dem ich zu mir selbst fand, mich liebevoll anzunehmen und mit meinen Mitmenschen gnädiger umzugehen lernte, dann muss er mir über sein bedingungsloses Lieben hinaus etwas zum Thema Grenzen und Abgrenzung zu sagen haben.

Das Bild, das sich die meisten Menschen von Jesus machen, ist das des netten Typs, der immer freundlich dreingeschaut hat, unendlich geduldig war, nie ein böses Wort sagte und zu allen immer lieb und nett war.

Was soll ich aber von so jemandem lernen?

Und wenn in der Bibel steht, dass man ihm immer ähnlicher werden soll, ist dann bei der gerade erwähnten Beschreibung seiner Person nicht die ganze Abgrenzungsarbeit für die Katz oder vielleicht sogar schädlich? Ist es so gesehen nicht besser, wenn man alles beim Alten lässt und weiterhin tut, was von einem erwartet wird, um nicht Gott und andere zu enttäuschen?

Zum Glück ist das Leben Jesu von vier verschiedenen Berichterstattern, die darüber hinaus auch noch Augenzeugen waren, sehr gut dokumentiert worden. Von ihnen wurde Jesus in den unterschiedlichsten Lebensphasen und -situationen beschrieben. Es gibt Berichte über die Umstände seiner Geburt, über seine Kindheit, bis hin zu Berichten über seine Verurteilung, seine Kreuzigung, seine Auferstehung und etliches, was danach geschah. Ich möchte ein paar dieser Situationen herausnehmen, um zu zeigen, dass Jesus jemand war, der seine Grenzen sehr wohl kannte, diese Grenzen deutlich setzte und wenn nötig auch verteidigte.

Über eine erste Begebenheit, in der Jesus deutliche Grenzen gesetzt hat, wird in Lukas 2,41-51 berichtet. Jesus war im Alter von zwölf Jahren seinen Eltern im Getümmel des Passahfestes in Jerusalem abhanden gekommen. Zunächst machten sie sich keine Sorgen um ihn, weil sie der Meinung waren, dass er mit anderen Verwandten zusammen war. Doch als sie nach dem Fest bereits ein ganzes Stück des Heimweges hinter sich hatten, wurde ihnen doch ein wenig mulmig. Also begannen sie ihn zu suchen, fragten Verwandte und Freunde nach ihm, aber niemand hatte ihn gesehen. Sie hatten ihn verloren, das stand fest, und sie gerieten in Panik. Ihnen blieb nichts anderes übrig, als nach Jerusalem zurückzulaufen, wo sie ihn endlich nach drei Tagen fanden.

Doch Jesus kam keineswegs schluchzend auf sie zu gerannt und war auch nicht vor Erleichterung ganz blass um die Nase, sondern als sie ihn schließlich im Tempel entdeckt hatten, bemerkte er sie zunächst nicht einmal. Er war mit den Schriftgelehrten so sehr ins Gespräch vertieft, dass er die Welt um sich herum gar nicht mehr wahrnahm.

Seine Eltern sprachen ihn an, aber wenn sie geglaubt hatten, dass er wenigstens in diesem Moment beglückt auf sie zustürzen oder wenigstens ein wenig Zerknirschung an den Tag legen würde, so hatten sie weit gefehlt. Stattdessen rechtfertigte er seinen Aufenthalt dort und in dem, was er sagte, schwang sogar ein wenig Unverständnis für Marias und Josefs Sorge mit: „Warum habt ihr mich gesucht?", erwiderte Jesus. „Ihr hättet doch wissen müssen, dass ich dort sein muss, wo es um Gottes Sache geht."

„Sie begriffen nicht, was er damit meinte", heißt es dann weiter in dem Text.

Ganz schön selbstbewusst der Knabe oder sollte man vielleicht sogar sagen dreist? Schließlich hatte er seine Eltern in Angst und Schrecken versetzt, da hätte er doch wenigstens ...

Aber nein! Jesus wusste von Anfang an, schon als Kind, wer er war. Er musste seine Identität nicht erst mühsam erarbeiten und erkunden. Das war bereits geschehen. Er war damals und ist auch heute noch der Sohn Gottes, das steht fest. Keine Diskussion. Auch nicht mit Vater und Mutter.

Er stellte hier klar, wem er in erster Linie verpflichtet war und zu wem er die stärkste, innigste Verbindung hatte. Auch wenn das für Maria und Josef vielleicht eine bittere Pille gewesen sein mag, Jesus machte ihnen an dieser Stelle nichts vor. Er sagte, wer er war. Er zeigte ihnen ihre Grenzen.

Weil er seine Grenzen und seine Identität als der geliebte Sohn Gottes so klar definierte, konnte er es sich aber dann auch leisten, seinen Eltern gehorsam zu sein. Und nicht zuletzt blieb er anschließend noch bis zu seinem 30. Lebensjahr bei ihnen und ordnete sich ihrem Lebensstil unter (siehe Lukas 2,51).

Maria, die Mutter von Jesus, hat sehr genau und mit dem Herzen verstanden, was damals passiert ist. Es heißt über sie: „Seine Mutter aber vergaß nichts von dem, was sie erlebt hatte." Maria hat dort in Jerusalem, nachdem es ihr zuvor einmal ein Engel gesagt hatte, noch einmal von Jesus selbst erfahren, wer ihr Sohn war.

Die Weichen waren damit nun auch für seine Eltern gestellt. Jesus hat unmissverständlich deutlich gemacht, zu wem er in erster Linie gehörte und wem er verpflichtet war. Er kannte seinen Auftrag, er wusste um die unerschütterliche Liebe seines Vaters, der später bei seiner Taufe durch Johannes den Täufer sagte: „Dies ist mein lieber Sohn, an dem ich Freude habe! Ihn habe ich erwählt."

Dies war eine Geschichte aus der Anfangszeit seines Lebens hier auf der Erde, doch Jesus hat während seines weiteren Lebensweges gezeigt, dass er in dieser Identität standhaft bleiben konnte. Es gab nichts und niemanden, der ihn davon abbringen konnte, nicht einmal der Teufel mit seinen großartigen Versprechungen und Verlockungen (Matthäus 4,1-11). Er war tief verwurzelt in seinem Vater und im Wort seines Vaters. Er wusste, wer er war, und er wusste, was die Wahrheit ist. Deshalb waren die Prioritäten für ihn völlig klar und er ließ sich davon nicht ablenken. Er tat nur genau das, was der Vater wollte und sonst nichts. Das war sein Leben und seine Identität. Das war es, was seine Person auf dieser Erde und auch jetzt noch ausmacht. Er war und ist völlig eins mit seinem Vater. Dafür stand er ein und war auch dazu bereit, Stellung zu beziehen und diese Identität zu verteidigen.

Ein besonders eindrückliches Beispiel für diese Klarheit und Eindeutigkeit seiner Identität und seines Auftrags ist der Zwischenfall im Tempel von Jerusalem kurz vor dem Passahfest, als Jesus mit Nachdruck und sogar handgreiflich der Geschäftemacherei im Tempel entgegentrat. Er stieß Tische mit Waren um, warf das Geld der Händler und Geldwechsler auf den Boden und trieb die Tiere, die als Opfertiere verkauft werden sollten, hinaus ins Freie. Von diesem Zwischenfall wird in allen vier Evangelien berichtet (Matthäus 21,12-17; Markus 11,15-19; Lukas 19,45-48 und Johannes 2,13-16).

Jesus stellte hier ganz eindeutig klar, wer er war. Er gab sich damals den Menschen als der Messias zu erkennen, indem er das Haus seines Vaters, den Tempel, von allem befreite, was nicht dessen Bestimmung, nämlich dem Gebet diente. Er wandte sich mit Entschiedenheit dagegen, dass das Haus seines Vaters missbraucht wurde, um Menschen auszubeuten und Geschäfte zu machen.*

---

* Vgl. William Barclay, Matthäus Evangelium Bd.2, Neukirchen-Vluyn 1971, S. 229f.

Weil er wusste, wer er war, konnte und musste er dort eindeutig Stellung beziehen. Es ging ihm nicht etwa darum, Menschen bloßzustellen oder seine Muskeln spielen zu lassen, sondern es ging ihm darum, deutlich zu machen, was Gott will und was nicht. Hier wurde von ihm klar und mit Nachdruck eine Grenze gesetzt und auch hier war das Handeln von Jesus wieder durch die Autorität der Bibel – Gottes Wort – untermauert.

Auch in Bezug auf die Pharisäer und ihre Anfeindungen machte Jesus vollkommen deutlich, dass er der Sohn Gottes war, und zwar mit einer eigenen Identität und einem Auftrag. Jesus war diesen Menschen ein Dorn im Auge und er wusste darum. Außerdem wusste er, dass die Pharisäer über sehr viel Macht verfügten, was nicht zuletzt auch dazu führte, dass er schließlich am Kreuz starb. Trotz dieser Umstände ging er jedoch keineswegs zimperlich mit den Pharisäern um, als er ihnen ihre Heuchelei, Härte und Lieblosigkeit vor Augen führte.

Im Matthäusevangelium wird berichtet, wie er schonungslos all diese Charakterzüge der Pharisäer aufdeckte (Matthäus 23,13-36). Dort heißt es: „Wehe euch, ihr Schriftgelehrten und Pharisäer! Ihr seid wie die gepflegten Grabstätten: Von außen sauber und geschmückt, so daß man gern hinsieht; aber innen ist alles voll stinkender Verwesung. Ihr wollt vor den Leuten als die Gerechten dastehen, aber in Wirklichkeit seid ihr voller Bosheit und Heuchelei" (Vers 27-28).

Jesus war also kein angepasster Jasager, keiner der sein Mäntelchen nach dem Wind hängte, damit er keine Schwierigkeiten mit der Obrigkeit oder mit seinem Image bekam. Vielmehr war er ein kühner Jesus, der sagte, was gesagt werden musste, weil es die Wahrheit war und die einzige Möglichkeit, diesen verhärteten Männern deutlich zu machen, dass sie in einem schrecklichen Irrtum lebten, in dem nämlich das Gesetz erfüllen zu können.

Jesus konnte sich hier nur deshalb *outen* und auch angreifbar machen, weil er wusste, wer er war und weil er absolut sicher war, dass er den Vater auf seiner Seite hatte. Kein Wunder, dass die Pharisäer unglaublich wütend wurden, denn er führte ihnen vor Augen, dass ihnen all ihre Anstrengungen und ihre selbstgemachte Rechtschaffenheit bei Gott kein bisschen weiterhalf. Jesus konnte innerlich entspannt er selbst sein, doch sie mussten sich mit ihren Masken und ihren Erwartungen an sich selbst und andere abplagen.

Und noch einen weiteren Punkt gibt es, an dem Jesus sich klar und eindeutig abgrenzte.

Selbst wenn ständig Menschen um ihn herum waren, die seine Hilfe brauchten, die voller Erwartung an ihn waren und deren letzte und einzige Hoffnung er war, nahm er sich konsequent immer wieder Zeiten, um allein und in der Stille mit seinem Vater zusammenzusein. Immer wieder suchte er die Stille, die Zwiesprache mit Gott und wenn es gar nicht anders ging und die Menschenmassen ihn überall hin verfolgten, dann stieg er eben in ein Boot und fuhr auf den See hinaus (Matthäus 14,13 und Markus 6,46). In der Zwiesprache mit seinem Vater ließ er sich immer wieder seine Identität bestätigen und tankte dort seine Liebe auf. Nur auf diese Weise konnten seine Grenzen und sein Profil klar bleiben. Nur so konnte er den Vater uneingeschränkt und ungetrübt widerspiegeln. Und nur so konnte er tun, was der Vater wollte.

Henri Nouwen schreibt Folgendes über die Identität Jesu: „Jesus ist der Gesegnete. Nachdem Jesus im Jordan von Johannes getauft worden war und aus dem Wasser stieg, sah er, wie sich der Himmel öffnete und der Heilige Geist in Form einer Taube auf ihn herabkam. Und eine Stimme aus dem Himmel sprach: ‚Du bist mein geliebter Sohn, an dir habe ich Gefallen gefunden' (Markus 1,10). Von diesem Segen wurde Jesus sein ganzes Leben lang getragen und geleitet. Was ihm auch widerfuhr – Lob und Jubel, Tadel und Schmähung –, er hielt an diesem Segen fest, immer erinnerte er sich daran, dass er ‚Gottes geliebtes Kind' ist."*

Jesus ist von Anfang an der eine, der Einzige, der ohne den Hauch eines Zweifels weiß, wer er ist. Er ist der Einzige, der nicht Anteile seiner Persönlichkeit verdrängen muss, weil er sie ablehnt. Er ist der Einzige, der jeden an sich heranlassen und ihm ein Gegenüber sein kann, weil er in seiner Identität so sicher ist – immer der geliebte Sohn.

Jesus, Gottes Sohn, ist der Einzige mit intakten Grenzen. Kein Duckmäuser und Jasager, kein Opportunist mit Keep-Smiling-Mentalität, aber auch keiner, der aus Prinzip widerspricht und die Randposition braucht, um Aufmerksamkeit zu erheischen. Jesus ist der Einzige, auf den der Begriff *klar* völlig zutrifft.

Hier auf der Erde scheute er nicht die Auseinandersetzung zum Zweck der Klärung. Er machte keinen Hehl aus seinen Überzeugungen, auch als es deshalb für ihn lebensbedrohlich wurde, er zwang seine Überzeugungen aber auch niemandem auf. Er blieb immer er selbst, egal, ob er sich den Spott, das Unverständnis, die Bewunderung oder den Zorn der Menschen zuzog.

Er war nicht bestechlich, weder durch Komplimente noch durch Drohungen. Außerdem hatte er es weder nötig sich anzubiedern noch sich zu profilieren, und deshalb konnten sich die Menschen ihm auch ohne Angst nähern.

Sein Auftrag war es, uns Menschen wieder Zugang zur Liebe Gottes zu verschaffen, indem er an meiner und Ihrer Stelle starb. Das hat er getan und es liegt allein bei uns, ob wir daran Anteil haben wollen, ob wir unsere Identität und innere Freiheit von ihm annehmen wollen und ob wir ihm – in jeder Beziehung – ähnlich werden wollen. Er wird uns nicht dazu zwingen, aber es ist unsere Chance!

Der oben zitierte Text von Henri Nouwen setzt sich wie folgt fort: „Jesus kam in die Welt, um diesen Segen mit uns

---

* Henri Nouwen: Leben hier und jetzt, Freiburg 1998, S.219.

zu teilen. Er kam, um uns die Ohren für die Stimme zu öffnen, die auch zu uns sagt: ‚Du bist mein geliebter Sohn, du bist meine geliebte Tochter, an dir habe ich Gefallen gefunden.' Wenn wir auf diese Stimme hören, ihr vertrauen und uns immer an sie erinnern, vor allem dann, wenn die Dunkelheit um uns ist, wird dieses Geliebtsein die tragende Kraft unseres Lebens werden und uns ermutigen, diesen Segen mit anderen zu teilen."*

Nur in der Liebe des Vaters können wir mit unseren Begrenzungen leben und nötige Grenzen setzen.

---

* ebenda.

Gemeinde –
Abgrenzen unter Christen
Oder: Ist es egoistisch,
Nein zu sagen?

Ich komme eines Sonntagmorgens in die Gemeinde und werde von einer Mitarbeiterin der Frauenarbeit angesprochen: „Hättest du nicht Lust, mit auf das Frauenwochenende zu fahren?"

„Mal sehn, vielleicht", erwidere ich.

„Hättest du auch Lust mitzuarbeiten?"

„Ja, grundsätzlich schon, aber da müsste man sich erst mal zusammensetzen und darüber reden, was ihr als Organisatoren für Vorstellungen und Pläne habt und was ich beitragen könnte. Ich habe ein Referat auf Lager, aber erst müssten wir klären, was konkret ihr gerne hättet, wie umfangreich mein Engagement sein sollte und so weiter. Ruft mich doch einfach an, wenn ihr euch zusammensetzt und zu planen anfangt", ist meine Antwort.

Daraufhin höre ich wochenlang nichts.

Eines Freitagnachmittags klingelt das Telefon. Eine der Mitorganisatorinnen des Frauenwochenendes ist am Apparat. Sie fragt: „Du Antje, wie hieß noch mal das Referat, das du bei dem Frauenwochenende halten wolltest?"

Ich schlucke und erwidere dann mit für ein cholerisches Temperament relativ großer Gelassenheit auf diese Frage: „Ich hatte nicht gesagt, dass ich ein Referat halten wollte, sondern dass wir uns mal zusammensetzen könnten, um darüber zu reden, was ihr euch so vorstellt und was ich mir

114

vorstellen könnte. Und dann wollte ich entscheiden, ob ich an dem Frauenwochenende mitarbeiten möchte und ob das, was ich beizutragen hätte, überhaupt zu euren Vorstellungen passt."

Nebenbei bemerkt war mir bis zu diesem Zeitpunkt noch nicht einmal der genaue Termin des Wochenendes bekannt.

Am Sonntag nach diesem Telefonat sitze ich wiederum im Gottesdienst und bin relativ entspannt, was sich schlagartig ändert, als die Abkündigungen an der Reihe sind.

Es heißt dort: Es liegen jetzt die Listen aus, in die sich die Frauen eintragen können, die an dem Frauenwochenende teilnehmen möchten – jetzt erfahre ich auch den Termin. Die Referate hält Antje Balters!!!

Fast rufe ich dazwischen, dass das gar nicht stimmt, verkneife mir den Zwischenruf jedoch, bin aber jetzt richtig sauer.

Nach dem Gottesdienst kann ich zwar mit den Organisatorinnen einiges klären, aber ich fühle mich dennoch überrumpelt, missverstanden, übergangen und nicht ernst genommen.

Das Wochenende hat stattgefunden und ich habe tatsächlich mitgearbeitet. Überdies war es sogar ein gutes Wochenende und zwischen den Mitarbeiterinnen und mir ist mittlerweile alles geklärt und wir haben uns wieder miteinander vertragen.

Bitte verstehen Sie mich nicht falsch: Es geht mir hier nicht darum, eine üble Geschichte loszuwerden, denn auch ich habe in der Gemeinde schon Grenzen anderer überschritten, sondern ich glaube, dass es in vielen Gemeinden und auch ganz allgemein unter Christen große Probleme beim Neinsagen gibt. Weil Christsein ja mit Dienen zu tun hat, so lernen wir ganz richtig, darf niemand bei einer Anfrage Nein sagen. Doch da haben wir etwas deutlich missverstanden.

Wenn es stimmt, dass wir Jesus immer ähnlicher werden

sollen und sich in unserem Leben seine Liebe zu uns widerspiegeln soll, dann gehört auch unverzichtbar der Aspekt
dazu, dass die Liebe fragt. Die Liebe zwingt nicht, so steht
es in 1. Korinther 13,4, sondern sie fragt, was der Einzelne
will. Es gehört zur Liebe Jesu dazu, dass er uns fragt, ob wir
Menschen mit ihm leben wollen, ob wir seine Liebe und
Vergebung annehmen und ob wir dienen wollen. Ja, seine
Liebe zu uns ist so groß, dass er sogar ein Nein von uns
akzeptiert.

Jesus fragt die Menschen, die in persönlicher Not zu ihm
kommen, was sie wollen. Einen Blinden, der ihn im Vorbei-
gehen um Erbarmen und Heilung anfleht, fragt er beispielsweise: „‚Warum hast du nach mir gerufen?' [...] ‚Herr, ich
möchte sehen können!' Darauf antwortete Jesus: ‚Geh! Dein
Glaube hat dich geheilt.' Sofort konnte der Blinde sehen,
und er ging mit Jesus" (Markus 11,51-52).

In einem weiteren Bericht im Matthäusevangelium fragt
er zwei Blinde, die im Gedränge nach ihm rufen: „Was wollt
ihr von mir?" Als sie antworten, dass sie wieder sehen
können möchten, heilt er sie und sie schließen sich ihm an
(Matthäus 20,29- 34).

Jesus fragt die Menschen, weshalb sie zu ihm kommen
und was sie wollen, auch wenn er selbst bereits sieht, was
sie brauchen. Zum einen respektiert er sie damit als eigenständige Personen und überschreitet nicht ihre Persönlich-
keitsgrenzen und zum anderen veranlasst er sie dadurch,
darüber nachzudenken, was eigentlich ihr Wunsch ist oder
was sie tatsächlich brauchen. Damit stellt er ihnen indirekt
auch die Frage nach ihrer Identität. Sie müssen sich selbst
prüfen und kennen lernen.

Wenn diese Art der Liebe, in der wir sagen dürfen, was
wir uns wünschen und auch was uns schwerfällt oder was
wir nicht wollen, was auch unter Christen als allgemeines
Vorbild gilt, dann ist dafür die unbedingte Vorausset-
zung, dass der Einzelne nicht nur gefragt wird, ob er eine
bestimmte Aufgabe übernehmen möchte, sondern dass er

auch die echte Möglichkeit hat, Nein zu sagen, ohne dass das seinem Ansehen schadet.

Nun gibt es aber meiner Beobachtung nach gerade unter Christen viele Menschen, die

- der Meinung sind, dass sie nicht wollen oder wünschen dürfen.
- gar nicht wissen, was sie sich wünschen.
- der Meinung sind, dass Dienen und gleichzeitiges Wohlbefinden inkompatibel sind. Dienst muss ihrer Meinung nach immer ein bisschen wehtun und darf eigentlich keinen Spaß machen.
- Dienst als einzige Möglichkeit sehen, überhaupt wahrgenommen zu werden oder Bestätigung und Zuwendung zu bekommen.
- Neinsagen grundsätzlich für Egoismus halten.

Ganz klar ist, dass zu einer gesunden Identität als Christ das Dienen dazugehört. Jesus sagt von sich selbst, dass er gekommen ist, um zu dienen und nicht sich dienen zu lassen (Matthäus 20,28). Und auch hier gilt: Wenn wir ihm ähnlicher werden wollen, gehört dazu auch das Dienen. Aber wenn das eigene Selbstwertgefühl schwach ist, man stets auf Anerkennung angewiesen ist und in aller Regel die verschiedenen Dienstbereiche einen unterschiedlichen *Status* haben, dann wird das mit dem Dienen schwierig. Man putzt dann vielleicht zähneknirschend die Gemeinde und fragt sich, wieso man eigentlich nie die Abkündigungen verlesen darf. Man rackert sich Sonntag für Sonntag mit den Krabbelkindern ab, obwohl man eigentlich auch ganz gut singen kann und so weiter. Und je weniger sicher man sich seiner Identität als geliebtes, wertgeschätztes Kind Gottes ist, desto anfälliger ist man womöglich für die oben aufgezählten Grundhaltungen. Und je mehr inneren Widerstand man gegen das hat, was der eigene Dienst in der Gemeinde ist, desto schneller ist man ausgebrannt und verliert die Freude.

Wenn man nicht weiß, welche Person man vor Gott ist, wird das eigene Streben nach Status entsprechend stark sein. Man muss schließlich beweisen, dass man zu etwas taugt.

Und in diesem Zustand ist man nicht zuletzt für Manipulation äußerst anfällig. Wenn man dann zum Beispiel gebeten wird, doch am Sonntag bitte unbedingt den Kaffee zu kochen, man würde da dringend gebraucht und man würde doch sowieso den besten Kaffee überhaupt kochen, dann gibt es darauf zwei Reaktionsmöglichkeiten, die in vielen Gemeinden zu beobachten sind: Es gibt vor allem diejenigen, die auf jeden Fall Ja sagen werden und diejenigen, die grundsätzlich Nein sagen (seltener). Beides zeugt von innerer Unfreiheit, denn als geliebtes Kind Gottes darf und kann ich sowohl das eine als auch das andere sagen.

Ein weiterer Faktor, der das Abgrenzen beziehungsweise Neinsagen in der Gemeinde so schwierig macht, ist die Tendenz, dass es immer noch ein Tabu ist, sich selbst als Person wichtig und ernst zu nehmen, also sich selbst im Blick zu haben. Hier gilt ebenso: Wenn wir die Aufforderung der Bibel ernst nehmen, in allem so zu werden wie Jesus, dann müssen wir uns auch selbst in den Blick bekommen. Allerdings nicht nur als Ziel harscher Selbstkritik und Verbesserungsvorschläge, sondern wir sollen uns selbst so ansehen, wie Jesus uns ansieht: liebevoll, mitfühlend, barmherzig, um unser Wohl besorgt, ja sogar begeistert. Daran ist nichts Verwerfliches und auch nichts Egoistisches, sondern es ist sogar heilsam, vorausgesetzt, Jesus bleibt der Mittelpunkt, auf den das Denken, Tun und Fühlen ausgerichtet ist, weil man weiß, dass man ihm alles verdankt. So lange man sich selbst unter dem Schutz seiner Liebe und Fürsorge liebevoll betrachtet, in der Sicherheit, dass er weiß, wer man ist und einen zu einem bestimmten Zweck geschaffen hat, ist man geborgen und wird heil. Dann *wird* man die Person, als die Gott einen gedacht hat. Nur wenn man sich auf diese Weise kennen lernt, erkennt man, welche Aspekte seines Handelns,

Fühlens und Denkens *nicht* zu einem gehören, und nur dann kann man auf diese Aspekte verzichten.

Es gibt keine Heilung, keine intakten Grenzen, keine Möglichkeit, in aller Freiheit Ja oder auch Nein zu sagen, wenn man sich nicht zuvor selbst betrachtet und feststellt, dass man keineswegs heil ist. Erst dann kann man mit der Hilfe Gottes und anderer Menschen herausfinden, wo man Heilung nötig hat.

Eine Gemeinde, diese Ansammlung von Sündern, die die Vergebung von Jesus nötig haben, ist eigentlich der ideale Ort, seine Grenzen zu erkennen, zu stecken, zu benennen und einzuüben. Ideal deshalb, weil alle, die in der Gemeinde zusammenkommen, den einen hinter sich haben, der zum Einzelnen bedingungslos Ja sagt, dessen Liebe absichtslos und ohne einen Hauch der Manipulation ist. Außerdem ist in der Gemeinde die Vergebung eine feste Größe, mit der man rechnen kann, denn jeder dort hat sie selbst erfahren. Und nicht zuletzt wissen dort alle, dass sie in Jesus Gottes geliebte Söhne und Töchter sind, an denen er Gefallen hat, und zwar völlig unabhängig von ihrer Leistung. So toll die eigenen Leistungen und der Einsatz in der Gemeinde auch sein mögen, sie wirken sich nicht auf das *Maß* der Liebe Gottes zu uns Menschen aus. Als sein Kind kann sich jeder sicher sein, wer er ist, dass er geliebt, gehört und gefragt wird. Man darf wollen und nicht wollen und jedes Nein wird von ihm akzeptiert.

Zugegeben, es ist ein nicht ganz kurzer Weg, auf dem man entdeckt, was diese Identität für das eigene Leben und den Alltag konkret bedeutet. Es ist oft auch ein schmerzlicher Weg, weil er die eigenen Grenzen da aufdeckt, wo man sie bestimmt nicht sehen möchte und weil Grenzen fallen müssen, von denen man bisher vermeintlich profitiert hat. Es ist aber auch ein Weg, auf dem man viel Neues von sich entdeckt, worüber man sich freuen kann. Es ist ein Weg, auf dem Kräfte freigesetzt werden, weil man nicht mehr so viel Energie aufwenden muss, um entgegen seinem eigenen inneren Widerstand die Erwartungen anderer zu erfüllen.

Es ist ein Weg, im Laufe dessen die Anfälligkeit für Manipulationen und Fremdbestimmung abnimmt, weil man nicht mehr Anerkennung und Bestätigung von außen braucht, um innerlich sicher und ausgeglichen zu sein.

Als geliebte Söhne und Töchter dürfen, ja sollen wir uns selbst liebevoll betrachten, weil wir nur dann auch unseren Nächsten liebevoll ansehen können. Nur dann können wir für alle sichtbar diese Freiheit und Liebe nach außen ausstrahlen, die die bedingungslose Liebe von Jesus für sich persönlich noch nicht erfahren haben.

Als Christen in der Gemeinde können wir es uns leisten, das Ja und Nein unserer Mitchristen stehen zu lassen, weil wir die Zusage von Jesus haben, dass er uns *alles* gibt, was wir brauchen, als Gemeinde, aber auch als Einzelpersonen. Das heißt konkret: Wenn er einen Dienst beziehungsweise Arbeitskreis in der Gemeinde einrichten oder entstehen lassen will, wird er es tun. Bei uns liegt es nur, wirklich offen hinzuhören, was wir beitragen sollen und dies dann auch zu tun. Unsere einzige Aufgabe ist es, als geliebtes Kind mit dem Vater in Kontakt und im Gespräch zu bleiben.

„Ich habe immer Ja gesagt ..."
Ein Interview

Das Thema der Identitätsfindung und des Abgrenzens beschäftigt mich schon sehr lange. Es interessiert mich einfach, warum Menschen so sind, wie sie sind. Ich will herausfinden, womit Menschen Schwierigkeiten haben und was ihnen leicht fällt. Und ich möchte wissen, wie andere Menschen leben, besonders auch, wie sie mit Jesus leben und wie sich die Beziehung zu ihm auf ihr Leben, auf ihre Perspektiven, aber auch ihren Alltag auswirkt.

Um denjenigen Mut zu machen, die das Buch jetzt gelesen haben und sich fragen: „Aber hat das denn auch was mit mir zu tun?", „Wie soll das denn gehen?", und sich sagen: „Die anderen sind es gewohnt, dass ich ihre Erwartungen erfülle. Sie werden mich ablehnen, wenn sich daran etwas ändert", habe ich meine Freundin Doro, die den Weg des Buches miterlebt und teilweise auch durchlitten hat, gefragt, ob sie bereit wäre, Fragen zu dem Prozess zu beantworten, im Laufe dessen für sie das Thema des Abgrenzens und Neinsagens persönlich wichtig geworden ist. Außerdem bat ich sie weiterzugeben, was sich dadurch in ihrem Leben geändert hat. Doro ist Mitte dreißig, verheiratet und hat zwei Kinder. Ich bin ihr dankbar für ihren Mut und ihre Offenheit!

Seit wann ist das Thema des Abgrenzens für dich persönlich bedeutungsvoll geworden und was war der Auslöser, dich damit auseinander zu setzen?

Bewusst und gezielt beschäftige ich mich seit etwa einem halben Jahr mit diesem Thema. Ich hatte zuvor schon oft die Erfahrung gemacht, meine eigenen Grenzen nicht zu kennen, meine Grenzen ständig zu überschreiten und sie vor anderen nicht verteidigen zu können. Oft habe ich mehr Aufgaben übernommen, als ich bewältigen konnte, habe zeitweise bis zur körperlichen und seelischen Erschöpfung gearbeitet und wusste anschließend weder warum ich das getan hatte noch wie es dazu hatte kommen können. Ich habe mich oft gefragt, ob es in meinem Leben keine „Warnsignale" gibt oder ob ich sie einfach nur nicht wahrnehme.

Eine Erinnerung aus meiner Kindheit ließ mich dann aufmerksam werden und brachte mich dazu nachzuforschen, was da in mir eigentlich nicht stimmte. Es war die Erinnerung an eine Missbrauchserfahrung durch einen etwa gleichaltrigen Nachbarsjungen. Ich fragte mich, warum ich das mit mir hatte machen lassen und stieß über dieses Nachfragen auf die Erkenntnis, dass ich eigentlich gar nichts über meine Grenzen wusste und dass ich sie deshalb ständig selbst überschritt und auch von anderen überschreiten ließ. In Verbindung mit diesen Überlegungen kam dann die Frage in mir hoch, wer ich überhaupt bin. Wer bin ich? Bis wohin bin ich? Ohne Grenzen. Keine abgesteckte Persönlichkeit.

Wie bist du darauf gekommen, dass du Abgrenzungsprobleme hast. Welche „Symptome" hast du bei dir festgestellt?

Ich habe immer Ja gesagt. Weil ich gebraucht wurde oder weil kein anderer da war, weil ich es besser oder schneller tun konnte oder weil ich die Einzige war, die sah, was getan oder gesagt werden musste. Nein zu sagen, hatte auf meiner inneren moralischen Skala seinen Platz eher im sündigen

Bereich. Und vielleicht deshalb ist auch das Neinsagen bis heute eine meiner schwierigsten Übungen.

Im besten Falle wusste ich, was ich nicht wollte, und das führte mich zeitweise in Zustände großer Traurigkeit und Verzweiflung, bis hin zu einem Gefühl des hilflosen Sich-Ausgeliefert-Fühlens. Ich konnte aber nicht definieren, was ich wollte und schon gar nicht, was gut für mich war. Ich habe mich immer durch das definiert, was ich für andere tat.

Mein Name bedeutet „Geschenk Gottes" und darin sah ich meine Lebensaufgabe und auch Lebensberechtigung – nämlich für andere da zu sein. Wo immer ich gebraucht wurde oder meinte, gebraucht zu werden, war ich zur Stelle. Ich vernachlässigte mich selbst, mein Äußeres und meine Vorlieben, denn dafür reichte oft die Zeit nicht mehr. Und ich war mir auch oft das Geld nicht wert, um mich zum Beispiel gut zu kleiden, mir Kosmetika zu kaufen, ein Hobby zu pflegen, Sport zu treiben oder mir sonst etwas Gutes zu tun.

Versuchst du jetzt, deutlicher Grenzen zu setzen? Wo gelingt es dir und wo nicht so gut?

Es fällt mir immer noch schwer, abzuschätzen, was ich tun und was ich lassen sollte, ab wann es mir zu viel wird und ich Zeit für mich brauche. Ich spüre oft erst dann, wenn es zu spät ist, dass ich mal wieder meine Grenzen überschritten habe. Dann bin ich innerlich und äußerlich erschöpft, habe das Gefühl, ausgenutzt worden zu sein und mich selbst verloren zu haben. Ich renne dann „kopflos" durch die Gegend, arbeite wie ein aufgescheuchtes Huhn und nehme mich selbst und die Menschen um mich herum nur noch sehr eingeschränkt wahr. An diesem Punkt wird auch deutlich, dass es gar nicht um die anderen Menschen geht, wenn ich mich so verausgabe, sondern um den Versuch einer Selbstbestätigung – „seht nur, wie uneigennützig ich bin; ich lebe nur für andere" –, der natürlich zum Scheitern verurteilt ist.

Was motiviert dich dazu, diese Anstrengung auf dich zu nehmen, deine Grenzen zu entdecken und auch Grenzen zu setzen? Das ist ja nicht unbedingt ein Zuckerschlecken.

Einen Tag vor Weihnachten, als ich mit dem Zug unterwegs war, kam mir plötzlich glasklar ein Impuls ins Bewusstsein, nachdem ich meine Gedanken und Gefühle vor Gott ausgebreitet hatte. „Du darfst leben! Du sollst leben!" Ich war wie vom Donner gerührt. Ein eigenes Leben. Eins für mich allein! Diese Legitimation hatte ich mein Leben lang vermisst und jetzt fühlte ich mich mit einem Schlag überreich beschenkt. Ich lerne nun zu begreifen, was das heißt, mein Leben zu leben. Oft vergesse ich wieder, wie sich das anfühlt, und ich funktioniere wieder, tue, was anliegt und was meiner Meinung nach von mir erwartet wird. – Auch wenn diese Erwartung oft nur von mir selbst ausgeht und nicht von außen kommt.

Einigen Menschen gegenüber kann ich mich besser abgrenzen als anderen. Da empfinde ich dann immer wieder die Angst, abgelehnt zu werden, die Angst, dass man mir böse ist, wenn ich nicht tue, was von mir erwartet wird, dass man nicht gut von mir denkt oder dass ich meine Bedeutung in dem Leben anderer verliere.

Wenn ich jetzt darüber nachdenke, erkenne ich, wie pervertiert meine Vorstellung vom Leben war und wie reich das Leben ist, das Gott mir geschenkt hat. Aber es ist wirklich ein gewaltiger Umdenkprozess und harte Arbeit, mein Denken und das daraus resultierende Handeln zu verändern.

Wie reagieren die Menschen, die von deinem neuen Anliegen betroffen sind, beispielsweise deine Familie, die Gemeinde oder auch Arbeitskollegen?

Ich stelle mit Erstaunen fest, dass mein Abgrenzen zwar im ersten Moment Erstaunen, danach aber eher Respekt und Achtung als die erwartete Ablehnung auslöst. Eine erstaunliche und zugleich ermutigende Erfahrung für mich! Aber immer noch fällt es mir schwer, überhaupt herauszufinden,

124

was ich will und was nicht, und dann auch noch die Folgen, die sich daraus ergeben, vor anderen Menschen zu vertreten. Das Ja liegt mir so viel näher als das Nein.

Meine Familie bestärkt mich grundsätzlich in meinem Bestreben des Abgrenzens – so lange es sie nicht unmittelbar betrifft. Sie findet, dass „Mama zu viel Stress macht" und sie begrüßen es, wenn ich Arbeit liegen lasse, relaxe und mich um mich selbst und auch um sie kümmere. Schwieriger wird es, wenn ich Räume, Zeit oder Dinge für mich beanspruche. Da reicht manchmal schon die Vorstellung der Mimik meines Mannes, um mein Anliegen des Abgrenzens im Keim zu ersticken.

In meiner ehrenamtlichen Mitarbeit in einer freikirchlichen Gemeinde ist das Abgrenzen ebenfalls eine schwierige Angelegenheit. Arbeit gibt es dort mehr als genug und der unausgesprochene, aber durchdringende Schrei: „Du wirst gebraucht!", betäubt in mir oft jegliches Gefühl für die Grenzen meiner zeitlichen, gefühlsmäßigen oder kräftemäßigen Kapazitäten. Meist finde ich mich in einem viel zu vollen Terminkalender wieder. Auch hier bedeutet Neinsagen oft den Verzicht auf die Möglichkeit durch mein Tun Bedeutung zu bekommen, wichtig zu sein und gebraucht zu werden.

Warst du schon mal drauf und dran aufzugeben?

Ja, manchmal resigniere ich, weil mir der Kampf gegen mich selbst und erst recht gegen andere zu schwer und zu aussichtslos ist. Ich finde mich dann in alten Verhaltensweisen wieder, breche meine Prinzipien und trample meine Grenzen nieder, indem ich mich wieder völlig verausgabe. Solch eine Erfahrung macht traurig. Doch die Tatsache, dass ich eine Ahnung davon bekommen habe, wie sich „das andere Leben" anfühlt, hilft mir, mich wieder hochzurappeln, weiterzumachen und es wieder neu zu versuchen. Ich glaube, ich habe den Unterschied zwischen Leben und Gelebtwerden erkannt, ja erlebt. Und das eine ist unvergleich-

lich schöner als das andere. Das Geschenk des Lebens ist so kostbar, dass es sich lohnt, den schweren Weg eines Um- denk- und Heilungsprozesses zu gehen.

Wie ist zur Zeit deine Zielvorstellung für deine Entwick- lung was das Abgrenzen angeht?

Mein Ziel ist es, gesund zu werden, ich selbst zu werden und mich nicht durch andere und durch das, was ich für andere tue, zu definieren. Ich möchte lernen, aufrichtig zu leben, möchte erkennen, wie Gott mich gemeint hat, als er mich schuf. Ich möchte mich von ihm lieben lassen und mich selbst lieben können, um nicht davon abhängig zu bleiben, von anderen gebraucht und geliebt zu werden. Ich will lernen und dazu stehen, wer ich bin und wer nicht.

GUTER RAT IN ALLEN LEBENSLAGEN!

Magdalene Furch:

FREIHEIT, DIE ICH MEINE

Wie führe ich ein Leben zwischen Selbstbestimmung und Verantwortung?

„Freiheit" ist seit jeher eines der großen Themen der Menschheit. Doch gerade in den letzten zehn bis zwanzig Jahren ist eine wahre Flut von Freiheits-Konzepten über uns hereingebrochen, deren Ergebnis totale Orientierungslosigkeit ist. Seelsorger und Psychologen sehen sich mit einer ganzen Generation von Menschen konfrontiert, die zwar jede Menge Freiheiten haben, aber unfähig sind, Verantwortung zu übernehmen und in der Welt zu bestehen.

Das Freiheits-Konzept der Bibel, mit dem sich die Autorin in diesem Buch auseinandersetzt, sieht völlig anders aus als alle gesellschaftlichen Bestrebungen: In Gottes Auffassung von Freiheit geht es nicht um die Lösung von äußeren Zwängen, sondern um die Befreiung des inneren Menschen! Ein Weg zur wahren Freiheit, die es uns ermöglicht, unabhängig von Erziehung und äußeren Umständen ein erfülltes Leben zu führen.

Taschenbuch, 96 Seiten, Nr. 815 553

Angelika Böckmann:

GUT, DASS ES DICH GIBT

Andere verstehen und
annehmen trotz
Unterschiedlichkeit

Jeder Mensch ist einzigartig. Allerdings sind
unterschiedliche Eigenarten und Ansichten nicht
unbedingt ein Grund zur Freude, sondern führen oft zu
Streitigkeiten und können einen manchmal regelrecht
zur Verzweiflung treiben.

In diesem handlichen Ratgeber finden Sie praktische
Tipps zu Fragen des täglichen Miteinanders, z. B.:
Wie kann man Missverständnisse vermeiden und die
Andersartigkeit der Mitmenschen wieder neu als
Chance und Bereicherung wahrnehmen?

Ein Charakter-Test und viele praktische Tipps helfen,
die neu gewonnenen Erkenntnisse umzusetzen und
endlich wieder von Herzen sagen zu können:
„Gut, dass es dich gibt!"

Taschenbuch, 96 Seiten, Nr. 815 554